L'HISTOIRE

DE

NAPOLÉON Iᴱᴿ

PENSÉES

DES DEUX EMPEREURS.

A PARIS,

DANS LES DÉPARTEMENTS ET A L'ÉTRANGER

CHEZ TOUS LES LIBRAIRES.

1861

HISTOIRE

DE NAPOLÉON IER

Paris.— Typ. Cosson et Comp, rue du Four-Saint-Germain, 43

HISTOIRE

DE

NAPOLÉON IER

PENSÉES

DES DEUX EMPEREURS.

A PARIS,

DANS LES DÉPARTEMENTS ET A L'ÉTRANGER

CHEZ TOUS LES LIBRAIRES.

1861

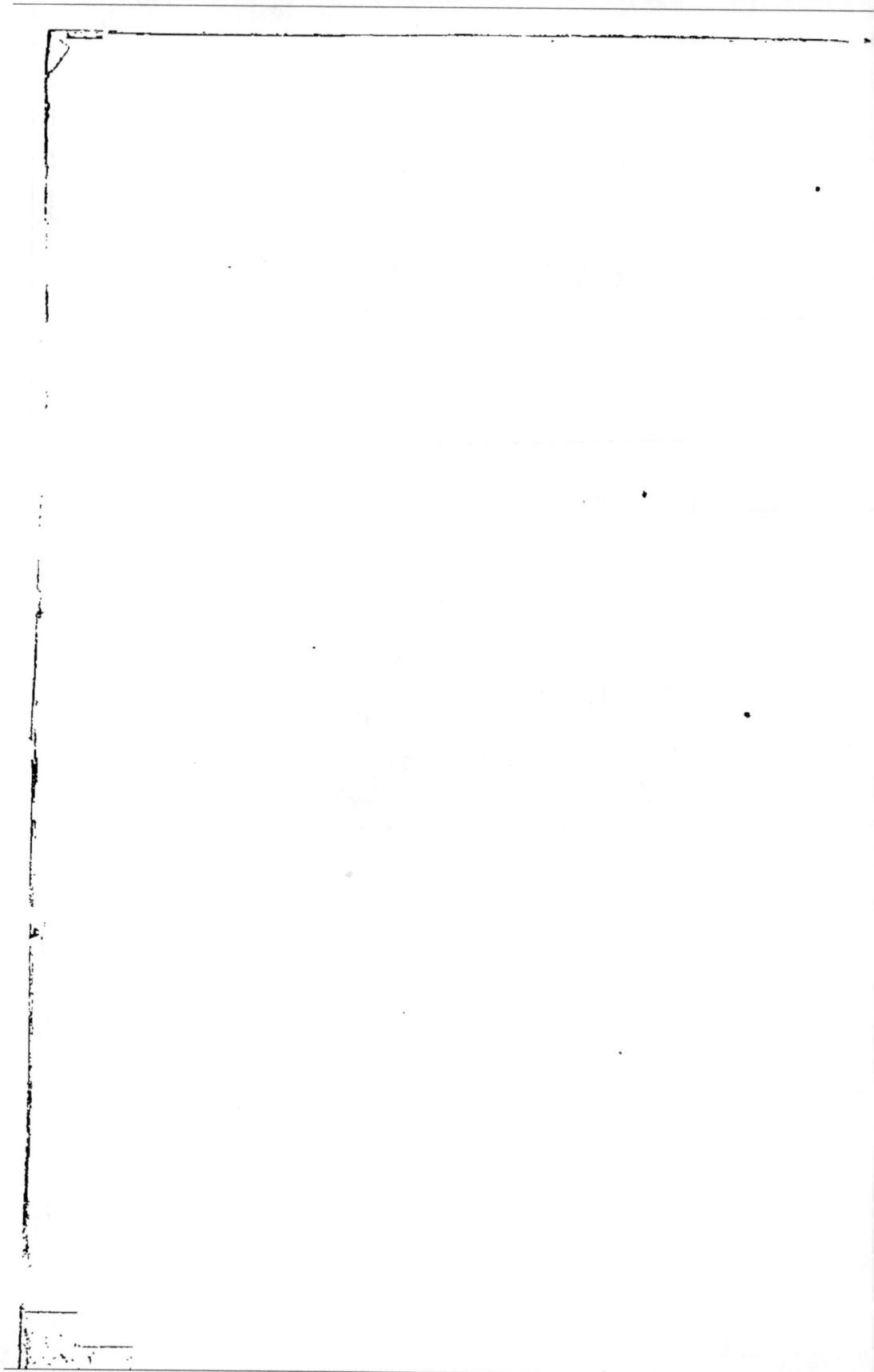

INTRODUCTION

Un homme d'une naissance presque obscure a fait retentir l'univers du bruit de ses exploits : des prodiges d'intelligence et de grandeur ont signalé son génie. Après quinze ans d'une glorieuse fortune qui étonne encore le monde, le vainqueur de cent batailles, le conquérant de presque toute l'Europe, le législateur de vingt peuples divers est mort exilé sur un aride rocher d'Afrique, au milieu des flots, loin des siens, à peine entouré de quelques amis obscurs, lui qui eut antichambre de rois... léguant à l'histoire le soin d'inscrire son nom parmi ceux des plus grands monarques.

Nous allons essayer de retracer sa vie.

La société française en décadence venait de

s'écrouler de fond en comble sous les coups
implacables de novateurs, devenus plus terri-
bles encore par la résistance acharnée de priviléges qu'une durée séculaire avait revêtus des
apparences du droit. Un nouvel ordre de choses,
encore incohérent, était violemment sorti de ce
cataclysme social. Le sentiment populaire,
obligé de s'affirmer au jour le jour, à l'extérieur
et à l'intérieur, par des luttes sanglantes, et
mis en émoi par des années de discussions sociales et politiques, ne percevait plus nettement
la portée de principes absolus si vite formulés en
lois ; l'exécution manquait, une impulsion puissante semblait nécessaire pour créer enfin l'u-
nité : Napoléon surgit ; il avait vingt-sept ans.

Déjà populaire par de brillantes victoires en
Italie, par son adhésion enthousiaste à la révolution, il accourt du fond de l'Orient. Sa main
vigoureuse renverse un pouvoir inerte, saisit
les rênes de l'État, ramène l'ordre, relève les
autels, organise l'administration. Il réglemente
l'armée, il enflamme le soldat, remporte cent
victoires, et, réformateur et guerrier tout ensemble, il inaugure un siècle qui pourra s'ho-
norer de son nom.

Il n'est permis à personne d'ignorer aujourd'hui ce que fut le glorieux fondateur de la dynastie napoléonienne. Son histoire, intimement liée à la réorganisation de la société française, devait faire partie de la *Bibliothèque des Écoles et des Familles*.

Notre cadre, on le sait, n'admet que des proportions réduites ; néanmoins nous croyons avoir su trouver dans cette grande figure historique certains traits trop peu remarqués jusqu'ici.

Nous avons étudié Napoléon Ier sous le double aspect qu'il présente. — L'histoire militaire de l'Empire voulait un récit homogène et spécial, mais rapide comme son action. — L'autre partie du travail, nécessairement moins étendue, devait rappeler les bases sur lesquelles s'est assis le gouvernement de Napoléon, les créations civiles, l'ordre judiciaire et administratif dont ce génie a doté la France.

On ne peut nier aujourd'hui que Napoléon Ier, comme guerrier et comme législateur, n'ait puissamment servi la civilisation et la cause du progrès. En effet, nos soldats, sous sa conduite, en même temps qu'ils plantaient le dra-

peau tricolore sur les capitales de l'Europe,
portaient au sein des populations, avec notre
langue, nos mœurs et nos lois, ces habitudes
de responsabilité individuelle, de participation
à la vie publique qui devaient un jour, par la
force de l'exemple, inciter les peuples, jusque-
là régis par des dynasties, à revendiquer enfin
le droit de choisir ceux qui les gouvernent.

HISTOIRE
DE NAPOLÉON Ier

PREMIÈRE PARTIE

· SES CONQUÊTES. — SES REVERS.

NAISSANCE DE NAPOLÉON. — SON ENTRÉE A L'ÉCOLE
DE BRIENNE. — IL EST NOMMÉ LIEUTENANT D'AR-
TILLERIE.

Napoléon Bouaparte naquit à Ajaccio, le
15 août 1769. Son père avait fait partie,
en 1776, d'une députation envoyée à Paris
auprès du roi de France pour y soutenir les
droits de la noblesse de l'île : cette circons-

tance prouve qu'il jouissait d'une certaine considération.

Le jeune Bonaparte fut reçu à l'École militaire de Brienne à la recommandation de M. de Marbeuf, gouverneur de la Corse ; il y développa bientôt cette ardeur pour l'étude et pour la méditation solitaire qui ne l'abandonna jamais. La lecture des grands historiens de l'antiquité le délassait des études militaires et des mathématiques.

Le succès de son examen pour l'artillerie le fit nommer lieutenant en second dans le régiment de la Fère, en 1785. Peu après, il entra lieutenant en premier dans un autre régiment d'artillerie qui se trouvait en garnison à Valence (Drôme).

C'est dans cette ville que les premiers symptômes de la révolution de 1789 vinrent solliciter l'attention du jeune lieutenant. Un grand nombre d'officiers des corps privilégiés caressaient des idées de résistance au mouvement populaire ; la mode de l'émigration gagnait chaque jour des partisans ; les esprits jeunes et vigoureux au contraire prenaient parti pour les idées nouvelles ; Bonaparte fut des premiers parmi ceux-là.

Dès cette époque, il attacha sa destinée à celle de la France. Capitaine d'artillerie depuis le 6 février 1792, nous le voyons chargé du commandement temporaire de l'un des batail-lons de gardes nationaux soldés en Corse, au moment même où Paoli levait de nouveau l'é-tendard de l'indépendance. Bonaparte marcha contre ses compatriotes pour les contraindre à partager notre nationalité. Frappé de pros-cription par le parti triomphant, ainsi que toute sa famille, dont les propriétés furent livrées au pillage et à l'incendie, Bonaparte conserva néanmoins l'estime de ceux même dont il avait combattu les projets; car Paoli, qui travaillait sourdement à faire passer la Corse sous la puis-sance de la Grande-Bretagne, disait alors de lui : « Ce jeune homme est taillé à l'antique ; c'est un homme de Plutarque. »

Après avoir installé sa famille dans les en-virons de Toulon, Napoléon se rendit à Paris. La monarchie n'existait déjà plus, et le règne de la Convention était ouvert. Le comité de sa-lut public accomplissait alors sa terrible mis-sion; dans cette convulsion nationale, où la notion du juste était si facilement pervertie par des passions et des intérêts divers, on vit la révolution dévorer ses propres enfants et la liberté sacrifier parfois ses plus anciens et ses plus fervents prosélytes.

BONAPARTE GÉNÉRAL

REPRISE DE TOULON. — PREMIÈRE CAMPAGNE D'ITALIE.

Toulon venait d'être livré aux Anglais par les royalistes. La Convention résolut de reprendre cette ville à tout prix. Bonaparte fut envoyé au quartier général de Cartaux qui était devant cette place. Les représentants du peuple Salicetti, Albitte et Barras nommèrent Bonaparte commandant de l'artillerie du siége, en remplacement du général Dutheil, en ce moment malade. Tous les travaux de cette opération furent confiés à la direction du jeune officier ; il justifia pleinement le choix des représentants ; la brèche, vainement tentée jusque alors, est ouverte ; *Toulon* est repris. Le même jour, Bonaparte est nommé général de brigade, commandant l'artillerie de l'armée d'Italie.

Mais à peine est-il arrivé à Nice, qu'on l'arrête par ordre des mêmes commissaires auxquels il devait son avancement. Le comité de salut public avait succombé le 9 thermidor, et le motif de l'arrestation du vainqueur de Toulon était la liaison qui avait existé entre lui et Robespierre jeune, proscrit par ce mouvement révolutionnaire.

Quinze jours après, Bonaparte était rendu à la liberté et reprenait ses fonctions. La prise d'Oneille, du col de Tende, et le combat de del Cairo furent les premiers succès de l'armée qu'il commandait. Cependant Aubry, représentant du peuple, ancien capitaine d'artillerie, devenu directeur du comité de la guerre, lui ôte son commandement pour lui donner une brigade dans la Vendée. Bonaparte se rendit à Paris pour obtenir sa réintégration; ses efforts furent inutiles : il refusa la brigade de l'Ouest et rentra dans la vie privée.

Le représentant Pontécoulant, voulant arracher le jeune général à sa vie obscure, l'attacha au plan de campagne dont s'occupait le comité de la guerre; Letourneur, qui remplaça bientôt Pontécoulant à la direction des affaires militaires, fut moins favorable à Bonaparte. Isolé et négligé par le gouvernement, il se livra plus que jamais à l'étude. C'est à cette époque qu'il connut madame de Beauharnais.

Une nouvelle phase de la révolution vint tirer Bonaparte de la solitude où il languissait. Le 13 vendémiaire, la plupart des sections de Paris s'étant soulevées contre la Convention, Barras, qui avait été investi du commandement de la force armée, se souvint du siége de Toulon et s'adjoignit le jeune général. La Convention triompha, grâce aux savantes dispositions de Bonaparte, qui obtint en récompense le commandement de l'armée de l'intérieur, devenu vacant par la nomination de Barras au Directoire.

Ses rapports avec madame de Beauharnais devinrent alors plus fréquents ; il la voyait souvent chez le directeur Barras. Cinq mois plus tard, Bonaparte épousait Joséphine et obtenait le commandement de l'armée d'Italie. Peu de jours après son mariage, 21 mars 1796, il partit pour Nice. Il avait alors vingt-sept ans.

Bonaparte trouva à l'armée d'Italie des soldats dans le plus grand dénûment, des généraux qui avaient sur lui l'avantage de l'âge et de l'ancienneté militaire : il ne s'effraye pas de ces difficultés, il a confiance en lui-même ; l'ascendant de son caractère ferme et résolu surmontera bientôt tous les obstacles. Son coup d'œil a mesuré la distance qui le sépare de Vienne ; son plan de campagne est arrêté, et, dans la conscience de son génie, il arrache ses phalanges à l'apathie qu'enfantent les privations ; il fait un appel à la valeur de ses troupes par une de ces proclamations qui peignent tout l'homme :

« Soldats, » leur dit-il en leur montrant du haut des Alpes les fertiles plaines du Piémont et de la Lombardie, « vous êtes mal nourris, « vous êtes nus : le gouvernement vous doit « beaucoup et ne peut rien pour vous. Votre « patience, votre courage vous honorent, mais « ne vous procurent ni avantages, ni gloire. « Je vais vous conduire dans les plaines les « plus fertiles du monde; vous y trouverez de « grandes villes, de riches provinces; vous y « trouverez honneur, gloire et fortune. Soldats « d'Italie, manquerez-vous de courage? »

A la tête de trente-quatre mille hommes environ, il en va combattre près de deux cent mille, car les princes d'Italie ont promis leurs contingents. Le plan de campagne de Bonaparte consiste à séparer les deux armées ennemies : l'une, formée de Piémontais, est commandée par Colli; l'autre, dite autrichienne, est sous les ordres de Beaulieu. Ce vieux général devine le système d'opérations de Bonaparte; mais les dispositions qu'il prend pour le contrecarrer tournent contre lui-même, à la gloire de l'armée française. Bonaparte frappe son premier coup à *Montenotte* (11 avril 1796), le second à Millesimo (14 avril); il réussit à séparer les deux armées sarde et autrichienne: Annibal avait franchi les Alpes, il les a tournées. — Le résultat

n'est plus douteux ; Bonaparte culbute l'ennemi
à Mondovi (20 et 22 avril), et le 25 il est à Che-
rasco. L'abondance a succédé à la disette dans
l'armée, dont l'ardeur a secondé sa pensée. Il
contraint le roi de Sardaigne à souscrire les
conditions onéreuses d'une paix, qui est presque
une injure pour ce monarque.

La seconde campagne s'ouvrit dans la haute
Italie ; l'Autriche allait enfin être attaquée
sur son propre terrain. Bonaparte, maître
d'une armée que la gloire avait disciplinée,
trace un plan de campagne qui menace en Italie la maison d'Autriche. Il se porte sur Plaisance, passe le Pô, marche sur *Lodi*, qu'il enlève, malgré le feu meurtrier de la mitraille.

La prise de Lodi donnait la Lombardie à la
République ; mais l'invasion en Allemagne par
le Tyrol ne pouvait s'effectuer que par la prise
de Mantoue. Bonaparte combine son action
avec celle des deux armées françaises du Rhin ;
et la prise de Crémone complète, huit jours
après, la victoire de Lodi.

Le jour où Bonaparte faisait son entrée solennelle à Milan, le Directoire signait à Paris le
traité qui enlevait au Piémont la Savoie, Nice
et Tende, puis remettait toutes les places fortes
au pouvoir de l'armée française.

Bonaparte s'établit à Milan, où il poursuit

l'exécution du traité avec le Piémont; il prépare ceux de Rome et de Naples, et achève celui du duché de Parme, tandis qu'il presse l'investissement du château de Milan, et donne toute sa pensée au siége de Mantoue.

Beaulieu avait eu le temps de jeter dans la place une garnison de treize mille hommes; trente mille Autrichiens de l'armée du Rhin étaient en marche pour la secourir; d'un autre côté, Wurmser arrivait avec une nouvelle armée, forte de plus du double de celle de la République. Mais bientôt les combats de Lonato, de Salo, de Brescia, de Castiglione, de Roveredo, de Bassano changent cette situation et complètent une rapide série de victoires, que nos soldats appelèrent la *campagne des cinq jours*. La troisième armée autrichienne n'est plus. Voici la quatrième qui s'avance; le Hongrois Alvinzi la conduit. Battus successivement à Arcole, à la Favorite, à Rivoli, les Autrichiens sont encore une fois forcés à la retraite. Mantoue est enfin réduite à capituler.

Depuis le 5 avril, quatre armées formidables, plusieurs fois accrues par des renforts, avaient été battues et détruites par une armée arrivant à peine à trente-six mille hommes, dont les vides avaient été remplis par vingt mille recrues. Bonaparte avait donné à la

France une partie du Piémont, fondé deux républiques en Lombardie et conquis toute l'I-
talie depuis le Tyrol jusqu'au Tibre. Le bruit
de ces étonnantes victoires retentissait à Paris
et à Vienne, et déjà les yeux de l'Europe se
tournaient vers Bonaparte, comme pour saisir
au passage les grandes choses que lui réser-
vait l'avenir.

L'Autriche, aux abois, oppose à Bonaparte
un prince de sa maison, illustré par de récentes
victoires ; c'est en vain : l'armée d'Italie, à laquelle s'étaient réunies les divisions Bernadotte
et Delmas, triompha des efforts de l'archiduc
Charles, qui perdit en vingt jours le quart de
son armée, et fut obligé de se retirer sur Saint-
With et sur la Muhr, abandonnant Klagenfurth
et la Drave.

Une bataille décisive allait prononcer entre
la maison d'Autriche et la France, lorsque
deux généraux autrichiens arrivèrent au quartier général des Français pour négocier. Un armistice est accordé, et le 18 avril 1797, à Léoben, Bonaparte dicta les préliminaires de la
paix.

Le 17 octobre 1797, à *Campo-Formio*, Bonaparte conclut avec l'Autriche le traité par lequel
cette puissance renonçait, en faveur de la république française, à ses droits sur les Pays-Bas,

et reconnaissait l'indépendance de la république cisalpine.

Le 1er décembre, après avoir passé la revue
de l'armée, Bonaparte partit pour Paris, où
il était attendu par la reconnaissance de ses
concitoyens.

Le 10 décembre, il remit aux chefs de la
République, au milieu d'une fête brillante et en
présence des représentants de presque toutes
les puissances de l'Europe, le traité qu'il venait de conclure. Cette cérémonie, qui élec-
trisa tous les cœurs, excita les alarmes du Directoire. Pour éloigner un général victorieux
dont la puissance balançait déjà la sienne, et
pour faire une diversion puissante en Europe,
il avait formé le projet d'attaquer l'Angleterre
dans ses possessions des Indes orientales, ou au
moins de détruire son commerce par l'occupation de l'Égypte. Cette dernière campagne
plaisait au génie aventureux de Bonaparte; il
accepta ce commandement.

Le plus profond secret fut gardé sur la destination des cinquante mille hommes qui furent
rassemblés sur les côtes de la Méditerranée.
Une flotte fut bientôt prête à transporter l'armée, et plusieurs escadres reçurent l'ordre de
se tenir prêtes à la seconder.

CAMPAGNE D'ÉGYPTE.

Le 19 mai 1798, Bonaparte partit de Toulon avec une flotte composée de cent quatre-vingt-quatorze voiles, une armée de dix-neuf mille hommes et un grand nombre de savants, de littérateurs et d'artistes, chargés de recueillir tout ce qui pouvait intéresser les sciences et les arts. L'expédition française eut la plus heureuse traversée. En passant devant Malte, elle força cette ville, encore au pouvoir des chevaliers de cet ordre célèbre, qui fut supprimé le 1er juillet 1798, à recevoir garnison française. Enfin l'expédition se présenta devant Alexandrie, dont on s'empara après une vive résistance.

L'amiral Brueys reçut l'ordre de conduire la flotte à Aboukir; l'escadre devait entrer dans le vieux port d'Alexandrie, ou, en cas d'échec, cingler vers Corfou, afin d'échapper aux Anglais.

Les généraux des divers corps se mettent en marche après avoir reçu pour instructions d'opérer différents mouvements combinés. Le 22 mai l'armée est sous les murs de Rahmanié. Elle arrive bientôt sur les bords du Nil, et c'est près de ce fleuve qu'elle est attaquée par les mameluks, que Desaix met en complète déroute.

Le général en chef accorda quelques jours de repos aux soldats jusqu'à l'arrivée de la flottille. Celle-ci, qui devait opérer de concert avec l'armée de terre, ayant été signalée, on se remit en marche. L'ennemi, dans un engagement avec la flottille, conduite par Duperré, est culbuté de nouveau. Bonaparte, prévenu par la canonnade, s'élance sur le village de Chebreis, qu'il emporte après avoir taillé en pièces le corps des mameluks, qui se replie sur le Caire.

Le 21 juillet 1798 a lieu la bataille des *Pyramides*. Bonaparte, saisi d'un noble enthousiasme à l'aspect de ces immenses tombeaux des Pharaons, qui avaient survécu à l'empire des Égyptiens, s'écrie, en les montrant à son armée : « Soldats, songez que du haut de ces monuments quarante siècles vous contemplent! » Embabeh est bientôt enlevé à la baïonnnette. Ce combat coûta aux Égyptiens trois mille mameluks, quarante pièces de canon, quatre cents chameaux, des provisions de toute espèce; il nous ouvrit les portes du Caire. Bonaparte y fait son entrée solennelle et y établit son quartier général. Bientôt après, on apprend que, le 1er août, la flotte française a été détruite par Nelson dans la rade d'Aboukir. « Nous n'avons plus de flotte, » dit le général

en chef en se tournant vers son état-major ;
« eh bien, il faut rester ici, ou en sortir grands
« comme les anciens. »

Aussi grand administrateur et bon politique
qu'habile général, Bonaparte sentit bientôt
qu'il ne suffisait pas de détruire les armées
qu'on lui opposait, mais qu'il fallait gagner la
confiance des populations indigènes et organiser le pays. Non-seulement il établit la plus
sévère discipline dans son armée, mais les
villes soumises à sa puissance furent adminis-
trées avec une régularité et une équité qu'elles
n'avaient jamais connues ; on commença même
des travaux d'utilité publique qui ont survécu à la conquête. Bien plus, entouré de
son état-major, il assista solennellement à la
cérémonie qui eut lieu à l'anniversaire de la
naissance de Mahomet, et prouva ainsi aux
Égyptiens qu'il savait respecter leurs usages
et leur antique croyance. C'est alors qu'il
créa l'Institut d'Égypte, qu'il composa des
savants dont il s'était entouré. Monge présidait cet institut ; Bonaparte n'en était que le
vice-président.

Trois mois s'étaient écoulés, pendant lesquels Bonaparte avait organisé la partie de l'É-
gypte qu'occupait l'armée, il envoyait des expé-
ditions dans la haute Égypte, lorsque soudain

une révolte éclata au Caire. Beaucoup de Français furent égorgés ; mais bientôt on força les portes de la ville, et l'on refoula les rebelles dans une mosquée. Le général leur fit offrir un pardon généreux. Sur leur refus, les portes furent enfoncées, et l'on en fit un horrible carnage. Les principaux instigateurs furent fusillés ; un gouvernement militaire remplaça le divan.

Le général en chef n'avait point renoncé à pénétrer dans l'Inde britannique par la Perse. Mais, pour s'ouvrir la porte de l'Asie, il fallait se rendre maître de la Syrie. A cet effet, les corps des généraux Kléber, Lannes, Régnier et Murat sont mis en mouvement.

Pendant ce temps, les Anglais attaquaient Alexandrie. Bonaparte juge que ce n'est qu'une ruse pour le détourner de marcher sur la Syrie ; il part, et arrive à El-Arich le lendemain d'une victoire remportée par Régnier sur les Arabes. Deux jours après, il se rend maître de la ville. Il se dirige ensuite sur Gazza et sur Jaffa, défendue par une forte garnison ; cette dernière ville est emportée d'assaut, et la garnison passée au fil de l'épée. C'est à Jaffa que la peste se déclare parmi nos troupes et les décime.

L'armée se dirige sur Saint-Jean-d'Acre, s'empare de Kaiffer, de Nazareth et de la ville

de Sour (ancienne Tyr). Mais une partie de
l'Asie s'est soulevée, et les populations accou-
rent des rives de l'Euphrate pour combattre
les Français. D'un autre côté, les flottes ennemies couvrent la mer et portent une armée
destinée à la défense de la Syrie. Des corps
ennemis se sont aussi embarqués à Rhodes pour
opérer contre Desaix. La prise de Saint-Jean-
d'Acre est désormais l'ancre de salut des Français ; malheureusement l'artillerie de ligne est
en retard, et c'est vainement qu'on donne l'assaut à la place. Après cet échec, Bonaparte se
porte sur le mont Thabor, où Kléber n'a que
quatre mille hommes à opposer à cinquante
mille. Mais le général en chef, par une marche
savante, coupe sur tous les points l'armée de
Damas, lui tue plus de cinq mille hommes,
s'empare de tous les bagages, puis reprend la
route de la haute Égypte.

A peine de retour au Caire, le général en
chef apprend qu'une armée turque, commandée par Mustapha, pacha de Roumélie,
vient de débarquer à Aboukir. Impatient de
réparer son échec de Syrie, Bonaparte marche
sur Aboukir. L'ennemi, habilement refoulé de
tous les points, est rejeté dans la mer, où dix
mille hommes trouvèrent leur tombeau : le
reste fut taillé en pièces.

Cependant l'expédition d'Égypte avait trompé
les espérances de Bonaparte : depuis dix mois,
il était sans nouvelles de la France ; il lui tar-
dait d'y reparaître et d'y jouer le rôle auquel
il se sentait appelé. Il réunit un petit nombre
de gens à lui dévoués, et, après avoir remis
le commandement à Kléber, il quitte l'Égypte.
— Le **9** octobre **1799**, il débarque à Fréjus.

RÉVOLUTION DU 18 BRUMAIRE.

L'arrivée de Bonaparte à Paris excita un
enthousiasme universel. La France était à bout
de patience et de ressources, le gaspillage et
la dépravation la rongeaient de toutes parts.
Le Directoire, dont la vue courte et le bras
sans vigueur ne savaient ni reconnaître ces
symptômes de décadence ni les combattre,
assistait à cette fermentation des esprits avec
l'apparence de la plus profonde sécurité. Bonaparte a vu le mal, il en a sondé l'étendue et la
violence ; il se résout à renverser le Directoire.
L'habile général, ne voulant rien aventurer,
commença par s'assurer l'appui du conseil des
Anciens, qui décida que le conseil des Cinq-
Cents tiendrait ses séances à Saint-Cloud, et
que Bonaparte aurait le commandement de

toutes les troupes dont la division militaire de Paris était le chef-lieu.

Le général rassembla au Champ de Mars tous les régiments et les passa en revue. Il leur parla avec chaleur et indignation de l'impéritie du Directoire; il leur fit entendre que le salut de la République dépendait désormais d'eux seuls : les soldats répondirent par des acclamations réitérées.

Dès le matin du 18 *brumaire* (9 novembre 1799), les troupes avaient occupé Boulogne, Sèvres et toutes les petites communes des environs. A deux heures, le conseil des Cinq-Cents était réuni dans la salle de l'orangerie de Saint-Cloud : la plus vive agitation régnait parmi les députés. On venait de décider que chacun prêterait individuellement serment de maintenir la Constitution et de s'opposer énergiquement à l'établissement de toute tyrannie.

La porte de l'orangerie s'ouvre, et l'on voit entrer le général Bonaparte tête nue, et accompagné de quatre grenadiers.

A la vue du général et de ses soldats, les mots : « A bas le tyran! à bas le dictateur! hors la loi le nouveau Cromwell! » sortent de toutes les bouches. Les députés prennent une attitude menaçante; mais tout à coup on entend crier : « Sauvons le général! » et Lefebvre paraît à la tête de quelques soldats, qui entraînent Bonaparte.

Lucien Bonaparte, président de l'assemblée, cherche vainement à ramener l'ordre. On veut le contraindre à mettre aux voix le décret de mise hors la loi de son frère ; mais il résigne la présidence. A ce moment, des grenadiers envoyés par Bonaparte pénètrent dans la salle et enlèvent le président. Aussitôt celui-ci monte à cheval aux côtés de son frère, et se met à la tête des troupes en leur disant de ne reconnaître pour législateurs que ceux qui se rendront près de lui. On pénètre alors dans la salle des séances ; elle est bientôt évacuée.

Après la dissolution de l'assemblée des Cinq-Cents, un nouveau conseil est formé ; soixante et un membres du premier sont exclus, et ce conseil improvisé, de concert avec celui des Anciens, abolit le gouvernement directorial et le remplace par une commission consulaire exécutive, composée de Sieyès, Roger-Ducos et Bonaparte.

Sous le titre de premier consul, Bonaparte devient réellement le chef de ses collègues et le souverain de l'État. Ainsi s'opéra, sans effusion de sang, la célèbre révolution du 18 brumaire.

CONSULAT

SECONDE CAMPAGNE D'ITALIE. — MARENGO.

Du 9 novembre 1799 au 18 mai 1804.

Bonaparte s'occupa activement de rétablir l'ordre dans toutes les parties de l'administration : la loi des otages, celle de l'emprunt forcé furent abolies ; les prêtres eurent la liberté de rentrer en France et de reprendre les fonctions de leur ministère ; — tous les individus déportés sans jugement légal furent rappelés en France ; plus de cinquante mille émigrés, rayés des tables de proscription, durent au premier consul le bonheur de revoir la patrie. La Vendée fut entièrement pacifiée en 1800. On supprima les fêtes révolutionnaires, entre autres celle de l'anniversaire du supplice de Louis XVI.

Délivré des inquiétudes que lui causait la renaissance des discordes civiles, Bonaparte dirigea tous ses efforts contre les ennemis de la France, sans cesse soulevés par l'Angleterre.

A la voix du premier consul, une armée de quarante mille hommes se forme comme par enchantement. Il faut profiter de la rupture qui vient d'éclater entre l'Autriche et la Russie. L'armée se dirige sur Dijon, et détourne ainsi l'attention, qui se porte sur le Var, menacé d'une invasion de cent cinquante mille hommes, alors que la France ne peut lui opposer que vingt-cinq mille hommes sous les ordres de Masséna.

L'espace que remplit la Suisse entre le Rhône et le Rhin renferme tout le mystère de la campagne qui va s'ouvrir. De Paris, le premier consul transmet tous les ordres, et c'est par suite de ces mesures que les différents généraux triomphent de l'ennemi.

Moreau bat ses adversaires dans plusieurs rencontres; l'armée de Dijon marche sur Genève, et le premier consul ne tarde pas à se diriger sur cette ville, d'où il va porter la guerre sur le Pô, entre Milan, Gênes et Turin. Il franchit les Alpes avec une étonnante rapidité et sans grandes pertes, malgré tous les obstacles que lui opposaient la nature et les hommes; et le général autrichien Mélas était encore sur le Var, quand déjà les Français descendaient les revers du Saint-Bernard, du Simplon et du mont Cenis. Ce mouvement avait été combiné avec ceux de Moreau, qui, pendant ce temps, occupait Kray devant Ulm, de Masséna, qui reprenait les forts de Gênes, malgré les canons de la flotte anglaise.

La chaîne des Alpes franchie, la ville d'Aoste
est enlevée par l'avant-garde ; les Croates sont
rejetés sur la forteresse de Bard, et, dix jours
après, le fort est au pouvoir des Français. Bonaparte s'ouvre en vainqueur les plaines du
Piémont, et bientôt il établit son quartier général à Pavie.

Mélas rassemble à la hâte son armée entre le
Pô et le Tanaro. Le 12 juin, les corps de Lannes, Desaix et Victor vont border la Scrivia.
Lapoype va rejoindre Desaix, pendant que le
reste de l'armée française bloque et contient
les divers corps autrichiens dans la Lombardie.

Bonaparte s'avance dans les plaines de San-
Giuliano, repousse sur la Bormida cinq mille
hommes établis à Marengo, et, ne pouvant
s'emparer de la tête du pont, prend position
entre *Marengo* et cette rivière.

Le 14 juin 1800, au matin, l'armée autrichienne, forte de cinquante mille hommes, dé-
bouche au travers du défilé du pont de la Bormida ; l'armée française ne comptait que vingt-
cinq mille hommes.

Un combat général s'engage : Desaix tombe
frappé d'une balle et meurt en héros. Mais
cette mort double le courage de sa division.
Enfin, la ligne de Mélas est enfoncée ; l'armée

ennemie, prise à revers, est complétement battue.

La bataille de Marengo décida pour le moment du sort de l'Italie. Le Piémont, la Lombardie, la Ligurie subirent la domination française. Mélas ne conserva que Mantoue. Bonaparte acheva d'organiser la république cisalpine et le Piémont, et fit de ces riches contrées de puissants auxiliaires pour la France.

Après avoir conclu les préliminaires de la paix, Bonaparte partit pour Paris, laissant le commandement de l'armée à Masséna, et celui de Gênes à Suchet. Murat reçut l'ordre d'aller rétablir le pape, que les circonstances avaient forcé de descendre du trône pontifical. Pendant ce temps, Moreau battait les Autrichiens et forçait Kray à suivre l'exemple de Mélas.

Bonaparte fut reçu à Paris avec enthousiasme. La nation voyait en lui un génie conservateur qui lui donnait à la fois la gloire, le calme et la liberté. Cette époque fut la plus belle de la vie du héros.

Mais le bonheur de la France importait peu à certains hommes.

Une machine infernale éclate dans la rue Saint-Nicaise (24 décembre 1800); Bonaparte échappe à cette terrible explosion, qui coûte la vie à un grand nombre de personnes. La colère du premier consul se porte sur les républicains, elle s'égarait ; le coup partait des royalistes.

Cependant les conventions signées par Berthier et Moreau avec les généraux autrichiens venaient d'être annulées par le cabinet de Vienne. Kray et Mélas avaient été destitués, et l'archiduc Ferdinand s'avançait à la tête de l'armée d'Allemagne, forte de cent cinquante mille hommes ; Moreau lui fut opposé.

L'armée d'Italie, dont l'Autriche menaçait également la France, était forte de quatre-vingt mille hommes, commandés par Bellegarde. Brune fut envoyé contre elle. Macdonald reçut le commandement de l'armée de réserve.

Pendant que ce général franchissait l'impraticable Splugen, Moreau remportait une grande victoire sur l'archiduc Ferdinand, qui fut obligé de se replier sur Vienne à marches forcées.

L'Autriche appelle à la défense de sa capitale l'archiduc Charles, disgracié depuis le traité de Campo-Formio ; mais Moreau le met hors d'état de s'opposer à son entrée dans Vienne. Un armistice est alors accordé à l'Autriche moyennant la cession du Tyrol, ce qui mit l'armée de Moreau en communication avec celle de Macdonald. Dans le même temps, Brune poursui-

vait Bellegarde et ne consentait à traiter avec
lui qu'après la cession de Mantoue.

L'année 1801 fut remarquable par la pro-
mulgation d'un concordat entre le pape et le
premier consul, et surtout par le traité de Lu-
néville, qui assura à la France la possession
de tous les États de la rive gauche du Rhin, et
donna l'Adige pour limites à l'Autriche. Cette
puissance reconnut par le même traité l'indépendance des républiques cisalpine, batave et
helvétique. Le premier consul donna la Toscane à l'Espagne en échange du duché de
Parme; il obtint en outre la fermeture des ports
de ce royaume aux Anglais et la cession de l'île
d'Elbe.

Les États du saint-père furent affranchis par
Murat. La coalition européenne se composait
alors de la Porte, de l'Angleterre et du Portugal.

Occupé constamment du soin d'affaiblir la
prépondérance de la Grande-Bretagne, Bonaparte offrit la paix au Portugal, à la condition
qu'il fermerait ses ports à l'Angleterre. Le
Portugal répondit en faisant marcher quinze
mille hommes sur l'Espagne; mais il ne put
résister au prince de la Paix, et le prince régent fut obligé de signer le traité qu'il venait de
rejeter.

L'Angleterre était donc le seul ennemi qui restât à combattre, et elle était devenue d'autant moins redoutable que Paul Ier, empereur de Russie, était convenu d'unir ses flottes à celles de la France pour affranchir les mers de la domination anglaise. La Suède, l'Espagne et le Portugal entraient aussi dans cette coalition.

On a même dit que l'empereur de Russie et le premier consul avaient l'intention d'attaquer l'Angleterre dans sa partie la plus vulnérable, c'est-à-dire d'envahir les Indes, tandis qu'une expédition spéciale se porterait contre les îles britanniques. La mort violente de Paul Ier sauva peut-être l'Angleterre.

Le premier consul n'en poursuivit pas moins ses projets. Mais tandis qu'il s'occupe des préparatifs de l'expédition, il apprend qu'une flotte anglaise se rassemble aux îles Baléares pour coopérer à la délivrance de l'Égypte. Il envoie aussitôt des troupes, sous les ordres du contre-amiral Gantheaume, au secours de l'armée d'Égypte. Malheureusement, cette expédition n'eut pas de succès; les débris de cette armée rentrèrent en France six semaines après: de quarante mille hommes, vingt mille seulement revirent la patrie; après la mort de Kléber, elle avait été forcée de capituler. Sur

ces entrefaites, Nelson fit une tentative sur
Boulogne, dans le dessein de brûler la flotte
française qui menaçait l'Angleterre.

Le premier consul qui, à défaut de la Russie, s'était allié avec l'Espagne, le Portugal, la
Bavière et le pape, fit de nouvelles ouvertures
de paix à l'Angleterre. Cette puissance, se
voyant abandonnée de l'Europe, consentit enfin
à déposer les armes, et la paix fut conclue
à *Amiens*, le 25 mars 1802.

La joie fut universelle dans toute la France.
Après les émotions de la terreur, de la guerre
civile et des champs de bataille, le peuple était
affamé de repos et de sécurité.

Le consulat est l'ère de la restauration sociale en France. Une pensée d'ordre et de ré-
génération présidait à tous les actes de Bonaparte [1] : sous son influence, l'instruction
publique refleurit; l'École polytechnique fut
réorganisée ; l'Institut ressuscita les anciennes
académies ; la Légion d'honneur fut instituée;
de grands travaux pour les routes, les canaux,
les places fortes, les ports, furent entrepris ;
le premier consul fit commencer la rédaction du
Code civil, recueil de lois approprié aux
mœurs et aux besoins de la France nouvelle,

1. Voir la *Seconde partie*.

et pris depuis pour modèle par la plupart des
nations de l'Europe. En s'occupant de rendre
au pays le calme et la prospérité, Bonaparte
consolidait en même temps son pouvoir : ce
fut ainsi qu'il élimina des deux assemblées les
membres qui lui étaient hostiles. Nommé consul pour dix ans le 6 mai 1802, il devint consul
à vie le 2 août suivant ; bientôt ce titre devait,
à son tour, lui paraître insuffisant.

La guerre allait se rallumer : l'Angleterre
ne pouvait accepter la suprématie que la paix
d'Amiens avait faite à la France. La guerre
coïncida avec plusieurs conspirations ; quel-
ques-uns des instigateurs furent découverts ;
Georges Cadoudal fut fusillé, Pichegru se tua
dans sa prison ; Moreau, qui avait montré jusqu'à la puérilité sa mauvaise humeur contre
le consul, y était impliqué. Il fut condamné à
deux années de prison, changées en deux années d'un bannissement qui devint funeste à
sa gloire ; car, plus tard, Moreau prit du service à l'étranger contre la France, et c'est d'un
boulet français qu'il mourut.

En 1804, le duc d'Enghien, arrêté dans le
duché de Bade comme prenant part aux conspirations ourdies contre le premier consul, fut
livré à une commission militaire, qui le fit fusil-
ler durant la nuit dans les fossés de Vincennes.

Ce fut dans ces circonstances que le sénat fit parvenir au premier consul une adresse par laquelle il lui représentait la nécessité de cimenter l'édifice social, d'assurer l'avenir en désarmant les ambitieux, en donnant à la France des institutions stables, enfin d'accepter le souverain pouvoir.

Le premier consul céda sans peine au vœu du sénat; il fut proclamé empereur des Français le 18 mai 1804, sous le nom de Napoléon Ier.

NAPOLÉON EMPEREUR

CAMPAGNES D'ESPAGNE, D'ALLEMAGNE, DE RUSSIE ET DE FRANCE. ABDICATIONS, EXIL ET MORT.

De 1804 à 1815.

La France et une partie de l'Europe applaudirent à l'Empire; l'Espagne, Rome et l'Autriche, qui venait d'être vaincue, reconnurent le nouveau souverain.

Le 1er décembre 1804, le sénat présente à Napoléon le vœu du peuple pour l'hérédité de l'Empire dans sa famille. Sur 3,574,898 votants, 2,579 votes seulement furent négatifs.

3

Le lendemain eut lieu à Paris, dans l'église Notre-Dame, la cérémonie du sacre. Aussitôt que Pie VII a béni la couronne, Napoléon la saisit, la place sur sa tête, puis couronne l'impératrice.

Napoléon cherchait à assurer le maintien de la paix. Il écrivit au roi de la Grande-Bretagne afin de l'engager à ne point rompre la bonne intelligence qui existait en ce moment entre toutes les puissances de l'Europe, lui disant « qu'il serait responsable du sang qui allait être versé. »

Mais le cabinet de Saint-James n'eut aucun égard à cette considération ; il préluda à la guerre en faisant détruire par ses flottes quelques vaisseaux marchands dans les ports de l'Espagne.

Suivant le traité d'Aranjuez, signé avec cette dernière puissance, Napoléon demanda à la Péninsule cinq mille hommes d'embarquement et trente vaisseaux de ligne. Ces forces, réunies à celles de l'Empire, présentèrent une masse de cent quatre-vingt-treize mille hommes, soixante-neuf vaisseaux de ligne, et plus de deux mille bâtiments de transport, armés et prêts à faire voile pour la Tamise.

Le projet d'une descente en Angleterre avait été souvent conçu ; Napoléon le reprit. Il presse activement la réunion à Boulogne d'une flottille qui devait lui faire un pont pour passer le pas de Calais. C'est au milieu de ces préparatifs que l'Italie vint lui offrir la couronne de fer. Napoléon l'accepte, se rend à Milan avec l'impératrice, et y fait son entrée au milieu de l'enthousiasme général.

Le couronnement a lieu, et le 8 juin Eugène Beauharnais est proclamé vice-roi d'Italie. Le 9, Gênes demande son union à la France. Napoléon accepte et fait diviser cet État en trois départements. Après avoir reçu les félicitations du saint-siége, de Naples et du Portugal, l'empereur quitte Milan pour visiter l'Italie, théâtre de ses exploits, puis se hâte de revenir à Paris.

Pendant ce temps, l'Angleterre et la Russie s'unissaient par un traité. Cette dernière puissance s'engageait à fournir une armée pour reprendre le Hanovre, affranchir la Hollande et la Suisse, faire évacuer Naples, rétablir le roi de Sardaigne sur son trône, et donner à l'Autriche une frontière en Italie. Cette dernière puissance étant entrée dans la coalition, le 9 août 1805, quatre-vingt mille hommes, commandés par l'archiduc Ferdinand et le général Mack, sont mis en mouvement contre la France, pendant que le prince Charles prend position dans le Tyrol avec cent mille soldats.

Napoléon apprend ces mouvements au camp de Boulogne; il donne sur-le-champ le nom d'*armée d'Allemagne* à l'armée dite d'Angleterre. Le même jour, il chargeait le général Duroc d'aller s'assurer à Berlin de la neutralité du roi de Prusse. Cette mission eut un plein succès. Une armée de cent mille hommes, commandée par le roi lui-même, devait garantir la neutralité armée de la Prusse.

PREMIÈRE CAMPAGNE D'ALLEMAGNE.

Napoléon envoie quatre-vingt-dix mille hommes vers l'Autriche, et, un mois après, sept corps d'armée paraissent sur la rive droite du Rhin. Ces corps sont commandés par les meilleurs généraux de la France; un huitième corps est composé de la garde impériale. Une grande réserve de cavalerie, commandée par Murat, marche également sur le même point.

Napoléon entre en Allemagne à la tête de cent soixante mille hommes; Masséna, à la tête de soixante mille soldats, soutenus par les vingt mille hommes qui occupent le pays de Naples, marche contre l'archiduc Charles.

Le 2 octobre, Oudinot, Murat et Lannes détruisent, à Wertingen, une division autrichienne. Le lendemain, l'archiduc Ferdinand est défait, et Soult s'empare d'Augsbourg. Bernadotte est maître de Munich. Le 12 et le 14, pendant que Ney foudroie l'ennemi à Elchingen, Soult fait capituler Menningen. Le 16, Murat fait trois mille prisonniers devant Langenau, et le général Mack capitule dans Ulm le 20. Lannes entre dans Braunau le 25, et Bernadotte à Salzbourg le 30. Davoust manœuvre dans la haute Autriche, tandis que Masséna bat un corps autrichien et le force de capituler; l'archiduc Charles fuit devant lui. Ney est à Inspruck et à Hall : il a mis en fuite l'archiduc Jean, qui commandait dans le Tyrol. Le 10, Davoust détruit le corps de Merfeld à Manzienzell, pendant que Marmont s'empare de Léoben. Le 14, après un combat contre l'arrière-garde russe, Mortier rejoint l'armée du Rhin. Enfin, le 13, les Français entrent en vainqueurs dans Vienne. Le 19, Napoléon a son quartier général à Wischaw; mais cette position étant jugée par lui dangereuse, il se porte vers la Moravie, et s'arrête près d'un village qu'une grande bataille va bientôt illustrer.

Le 2 décembre, à *Austerlitz*, village de la

Moravie, se donne la bataille des trois empereurs. Les Russes et les Autrichiens ont cent
mille hommes sur le terrain, les Français
quatre-vingt-dix mille. La force de l'artillerie
est égale des deux côtés ; la supériorité numé-
rique de la cavalerie est pour l'armée austro-
russe. Celle-ci, malgré l'avantage du nombre,
est cependant hésitante ; elle voudrait attendre
une troisième armée russe, mais elle a affaire
à un ennemi qui sait son secret, et qui la force
à un engagement général. Le jour commence
avec la bataille, et la nuit la termine. Soult dé-
cide du sort de cette grande journée, où combat
l'élite de nos généraux : Lannes, Bernadotte,
Davoust, Murat, Junot, Oudinot, Rapp, etc.

Le résultat de cette mémorable victoire fut
immense. Napoléon était à l'apogée de sa
gloire. Le lendemain, l'empereur d'Autriche
vint à son bivouac lui demander la paix. Quant
à l'empereur de Russie, Napoléon accorda un
sauf-conduit à son armée, qui avait perdu
trente mille hommes, quarante-cinq drapeaux
et tout son matériel.

Le 15 décembre, Napoléon cède le Hanovre
à la Prusse et se fait donner en échange le
pays d'Anspach, Clèves, le duché de Berg,
dont il dote Murat, et la principauté de Neuchâtel, qu'il donne à Berthier.

Le 26, un traité signé à Presbourg reconnaît Napoléon pour roi d'Italie, et unit à ce royaume la Dalmatie, Venise et l'Albanie; le 27, l'empereur proclame son frère Joseph roi de Naples, marie le prince Eugène avec la fille du nouveau roi de Bavière, et le déclare son successeur au trône, s'il meurt sans postérité.

Le 28 janvier 1806, l'empereur rentrait à Paris. En moins d'une année, il avait dispersé les forces réunies de trois puissances, créé deux royaumes, placé un de ses frères sur le trône de Naples, un autre sur le trône de Hollande, et distribué à ses généraux une partie de l'empire germanique.

Un grand revers avait compensé ce succès. L'amiral anglais Nelson, qui n'avait pu brûler la flottille de Boulogne, avait, à Trafalgar, anéanti pour longtemps la marine française.

Cependant une quatrième coalition se forme. La Prusse renonce à la neutralité; elle ouvre ses ports aux Anglais, forme une alliance avec la Russie pour délivrer l'Allemagne, et fournit ainsi à Napoléon l'occasion de nouveaux prodiges et de nouvelles victoires.

Le cabinet autrichien, effrayé du danger, traite secrètement avec l'Angleterre, la Suède et la Russie.

L'ambassadeur de France est insulté à

Berlin : la perte de la Prusse est jurée. Les intentions hostiles de la Russie ne sont plus douteuses. Napoléon met aussitôt ses armées en mouvement : le 3 octobre il arrive à Wurzbourg, le 5 à Bamberg.

La campagne est ouverte; mais Napoléon apprend que le prince de la Paix vient d'appeler les Espagnols aux armes par une proclamation qu'il désavoue ensuite. Vingt mille Espagnols cependant servaient dans l'armée française sur la Baltique. Napoléon veut prévenir l'effusion du sang; à cet effet, il écrit au roi de Prusse. L'aveuglement de ce prince lui fait repousser les démarches de l'empereur, et le lendemain 14, la monarchie prussienne est détruite à *Iéna*, avec son armée.

Cette bataille fut double, en ce sens que les forces prussiennes, divisées en deux corps, agirent à la même heure sur deux points différents, quoique peu distants l'un de l'autre; ainsi à Iéna, une bataille est gagnée par Lannes, Lefebvre, Soult, Ney et Augereau; à six lieues d'Iéna, à Auerstaedt, avec trente mille hommes, Davoust se bat contre le roi en personne et contre quatre-vingt mille hommes, l'élite de l'armée prussienne. Davoust aura le nom d'*Auerstædt*, mais *Iéna* donnera le sien à la victoire. Les Prussiens perdent quarante mille hommes tués ou pris, deux cent soixante bouches à feu, tous leurs magasins. Les vieux compagnons d'armes du grand Frédéric, le duc de Brunswick, le maréchal Mellendorf, sont tous blessés dangereusement et ne survivront pas à l'anéantissement de la gloire militaire de leur patrie. Le prince Henri de Prusse est aussi blessé.

Deux jours après, Erfurth se rendait par capitulation ; quatorze mille Prussiens sont prisonniers de guerre ; de ce nombre sont : le maréchal Mellendorf, mortellement blessé à Iéna, le prince d'Orange, depuis roi des Pays-Bas, et quatre généraux. Cent pièces d'artillerie et d'immenses magasins, indépendamment de l'avantage de la position militaire, sont les profits de cette capitulation.

Le 18, le général Blücher, fuyant avec une troupe échappée aux périls d'Auerstædt, est arrêté à Weissenfeld par le général Klein. Blücher n'échappe aux Français qu'en faisant valoir un armistice qui n'existait point.

Le général Buller désarme six mille Prussiens, et Kustrin se rend à Davoust avec quatre mille hommes et quatre-vingts pièces de canon. Le maréchal Mortier s'empare de l'électorat de Cassel. Blücher est atteint par Murat, Bernadotte et Soult, qui lui font payer cher son parjure, car ils le font prisonnier avec la garnison du Ralthau. Ces divers combats coûtèrent à la Prusse vingt mille hommes.

Le 8, Magdebourg capitule, et les Prussiens perdent dix-huit mille hommes, vingt généraux et cinq cents pièces de canon. Ney eut la gloire de cette affaire. Ainsi, en moins d'un mois, toute la Prusse est occupée. Le maréchal Mortier prend possession du Hanovre, de Brême et des duchés de Mecklembourg : jamais conquête ne fut plus complète.

Deux décrets sont signés par l'empereur à Berlin. L'un organise les gardes nationales de la France, et prévient en quelque sorte la possibilité d'une révolution ; l'autre décret, du 21 novembre, est celui du fameux *système continental*, qui déclare les îles Britanniques en état de blocus, et applique la saisie à toutes les marchandises anglaises trouvées sur le territoire de la France, sur celui des pays qu'elle a conquis, et dans ceux qui sont sous la domination de ses alliés. Ce décret va remuer le monde et créer de nouvelles coalitions contre Napoléon.

Cependant la Prusse s'est révoltée de nouveau ; mais, avant de la réduire, Napoléon veut punir la Russie du refus de l'armistice

d'Austerlitz. Le 2 décembre, par suite de négociations entre l'empereur et le divan, la
Porte déclare la guerre à la Russie. L'armée
russe de Pologne, forte de cent soixante mille
hommes, est culbutée à Czernowitz. Après le
combat de Pultusk, les Russes se retirent au
nombre de soixante-dix mille, et vont chercher
l'ennemi à *Eylau*. L'action s'engage le 6 février 1807, et trente mille hommes restent sur
le champ de bataille; la victoire demeure incertaine, car dans les deux armées on chante
le *Te Deum*.

La bataille de *Friedland* a lieu le 14 juin.
Dans cette journée mémorable, l'empereur
Alexandre perd quarante mille hommes,
soixante-dix drapeaux; Kœnigsberg et toute
la Silésie tombent au pouvoir du vainqueur.

C'est après cette bataille qu'eut lieu, sur le
Niémen, l'entrevue des deux empereurs et du
roi de Prusse. L'espoir de ce dernier était tout
entier dans la générosité du vainqueur. Napo-
lion signe le traité de Tilsitt et permet au roi
de Prusse de régner, mais après avoir réduit
ses États de moitié.

Par le traité de Tilsitt, Alexandre reconnaît
Louis roi de Hollande, Joseph roi de Naples et
Jérôme roi de Westphalie. Il reconnaît égale-
ment les rois de Saxe et de Wurtemberg, et

Napoléon pour protecteur de la Confédération du Rhin. Après mille protestations d'amitié, les souverains quittent Tilsitt le 9 juillet.

Il n'y avait plus que le Portugal dans toute l'Europe où la puissance anglaise pût conserver accès. C'était encore trop que cette unique trouée au vaste réseau de douanes dont l'empereur avait entouré le commerce britannique. Il songea à la lui fermer.

La guerre est déclarée de nouveau. Le 24 novembre, Junot arrive à Abrantès; le 29, le prince régent du Portugal s'embarque pour le Brésil, et dès le 1er décembre Lisbonne est occupée par les Français.

C'est à ce moment que Napoléon étendit sur l'Espagne à son tour le malheureux système politique qui devait coûter si cher à la France. Le trône de Portugal était vacant, celui d'Espagne allait être usurpé. L'empereur semble seconder les prétentions de Ferdinand VII contre Charles IV son père; mais bientôt il les amène l'un et l'autre à une double abdication : un succès de plus, et la Grande-Bretagne était ruinée.

A la suite de toutes ces manœuvres, Joseph abandonne le trône de Naples à Murat pour monter sur celui d'Espagne, et la famille royale d'Espagne, victime de ces intrigues, est menée prisonnière à Valençay et à Compiègne.

La nation espagnole ne se soumit pas, comme Napoléon l'espérait, à ce changement de dynastie. Une junte provinciale s'établit à Séville; elle déclara ne reconnaître d'autre roi que Ferdinand. Le Portugal suit ce mouvement et fait cause commune.

Un corps de vingt mille Espagnols passés au service de France l'abandonnent et se joignent à cinq mille Anglais commandés par Wellington; ils débarquent le 31 juillet en Portugal. Le 21 août, Junot résiste au choc de vingt-six mille hommes, n'ayant avec lui que dix mille soldats. Un armistice est le résultat de cette affaire. De retour à Paris depuis le 14 août, Napoléon se voit obligé de lever cent soixante mille nouveaux conscrits. Il signe vers le même temps la convention du 18 septembre, si onéreuse à la Prusse, qui devra subir la présence d'une armée d'occupation. Le 27 septembre, Napoléon réunit à Erfurth l'empereur Alexandre et tous les petits souverains allemands de sa création. Les deux empereurs écrivent au roi d'Angleterre pour l'engager à conclure la paix; mais le cabinet britannique répond que l'Angleterre ne peut prendre part à aucune négociation si l'Espagne, le Portugal et la Suède n'y sont pas admis. Cette démarche n'a donc aucun résultat.

L'empereur, à peine de retour à Paris, part immédiatement pour l'Espagne, où il est bientôt suivi des quatre-vingt mille hommes qui occupaient la Prusse, et qu'une concession habile, faite à Erfurth, vient de remettre à sa disposition. Plusieurs victoires importantes signalent son arrivée en Espagne, et il rentre dans Madrid le 5 décembre.

L'Angleterre exploita avec une grande habileté la guerre péninsulaire. Pendant que l'empereur remportait de sanglantes et infructueuses victoires, elle organise une coalition nouvelle dans le Nord, fatigué des exigences d'un système commercial dont la France, en résultat, devait seule profiter. Par suite de la rapidité même de ses défaites, les forces de l'Autriche n'étaient pas épuisées; elle reprend l'offensive.

L'archiduc Charles est à la tête de l'armée autrichienne, forte de cinq cent mille hommes; sous ses ordres commandent les archiducs Louis, Ferdinand, Joseph et Jean, et plusieurs généraux distingués. Cette armée passe l'Inn le 7 avril, et envahit la Bavière sans déclaration de guerre.

Napoléon avait pour coutume de déjouer par l'impétuosité de ses plans les calculs et les prévisions de ses ennemis. De retour à Paris le 4 février, il part de cette capitale le 13 avril. Les hostilités commencent le 15, près de Ratisbonne : c'est le maréchal Davoust qui ouvre la campagne à la tête des Bavarois et des Wurtembergeois. L'ennemi est battu les 20 et 21, et, le 22, a lieu la fameuse bataille d'*Eckmuhl*, qui immortalisa Davoust ; le 23, Napoléon remporte une victoire signalée sur l'archiduc Charles, et Ratisbonne tombe au pouvoir de l'armée française ; le 25 elle passe l'Inn, et, le 28, elle rejette l'armée dans les défilés de la Bohème. Le 4 mai, elle enlève Elsberg, et le 10, au moment où Soult évacue le Portugal, Napoléon se présente pour la deuxième fois sous les murs de Vienne.

Dans le même temps, l'armée d'Italie faisait des prodiges de valeur sous les ordres du prince Eugène : elle avait battu l'archiduc Jean et passé la Piave le 8 mai. D'un autre côté, quarante mille Russes venaient de chasser les Autrichiens de Varsovie ; l'empire germanique était attaqué de toutes parts.

L'Autriche, de nouveau réduite à demander la paix, allait auparavant subir l'humiliation de voir sa capitale au pouvoir des Français. Napoléon fait son entrée à Vienne le 17 mai ; et c'est de cette ville qu'il date le décret qui enlève au pape les États romains pour les réunir à la France.

Le 22, la bataille d'*Essling* immortalisa le nom de Masséna ; le maréchal Lannes y perdit la vie ; il fut pleuré de l'empereur et de la France entière.

Le 27 mai, se livrait la fameuse bataille de *Wagram*, qui rendait une fois encore Napoléon maître de l'empire germanique. Pour la troisième fois, le cabinet de Vienne implora la paix ; l'empereur signa un armistice à Znaïm, le 12 juillet.

A la même époque, Murat enlevait de Rome le souverain pontife, et le faisait conduire à Savone.

De retour à Paris, où tous les souverains de l'Europe ou leurs ambassadeurs se trouvaient réunis, à l'exception cependant de celui de l'Angleterre, l'empereur fit proclamer son divorce avec Joséphine, par le motif que l'Empire ne devait pas être privé d'héritier.

Napoléon choisit pour nouvelle épouse l'archiduchesse Marie-Louise d'Autriche, fille de l'empereur François II. Cette union, qui eut lieu le 1er août 1810, semblait devoir rendre indissoluble l'alliance de l'Autriche avec la France, et faciliter les desseins de Napoléon sur l'Angleterre. Il n'en fut rien, de nouveaux évé-

nements vinrent bientôt renverser les espérances de tranquillité que la France avait con-
çues, et replonger l'Europe dans une guerre qui
devait se terminer par la chute de Napoléon.

Le Brabant hollandais, la Zélande et une
partie de la Gueldre venaient d'être réunis à
la France.

D'autre part, dix-huit mille hommes avaient
été envoyés en Hollande pour soutenir le système douanier de la France contre l'Angleterre.
Or, la Hollande ne pouvait se passer de com-
mercer avec cette puissance. Le roi Louis fit
des représentations à son frère, qui n'en tint
aucun compte. Alors ce prince déclara qu'il
aimait mieux renoncer à la couronne que de
contribuer à la ruine du peuple qui lui avait
été confié, et, en effet, il abdiquait le 1er juillet
1810 en faveur de son fils. Un décret impérial ordonne aussitôt que la Hollande fera partie
intégrante de l'Empire français.

Dans le même temps, Bernadotte était proclamé héritier de la couronne de Suède, après
avoir été adopté par Charles XIII.

Le 13 décembre, un sénatus-consulte ordonne la levée de soixante mille hommes pour
compléter les armées de terre et de mer.

Malgré les succès de nos armes, l'Espagne
n'est point soumise, et la conquête de la Pénin-

4

sule devient tous les jours plus incertaine. Soult,
qui vient d'opérer sa jonction avec Marmont, se
voit en possession de Sagonte et fait capituler
Valence. Le 21 février, la grande et forte ville
de Saragosse est prise, malgré tout ce que le
fanatisme de l'indépendance peut produire de
plus héroïque. Cette cité avait supporté vingt-
huit jours de tranchée ouverte, après huit
mois d'un siége, mémorable surtout par le
courage et l'abnégation des habitants. Les
vainqueurs prirent en gémissant possession de
cette enceinte de ruines fumantes et ensan-
glantées.

La naissance d'un prince impérial (1811) fit
un moment diversion aux événements qui se
passaient en Europe. Des fêtes publiques célé-
brèrent cet événement; le nouveau-né reçut
le titre de roi de Rome.

CAMPAGNE DE RUSSIE.

Napoléon, croyant avoir terminé les affaires
de l'Église, s'occupe des préparatifs d'une nouvelle guerre. Le 24 janvier 1812, le général
Friant reçoit l'ordre d'occuper Stralsund et la
Poméranie; la Prusse s'engage à protéger les
opérations de la France contre la Russie, en

fournissant une armée de cinquante mille hommes. Désormais Napoléon et Alexandre vont se disputer l'Europe. Le premier a pour alliés toute l'Allemagne, l'Italie, la Pologne et la Hollande ; le second compte au nombre des siens la Porte, les Anglais et l'insurrection d'Espagne.

Napoléon quitte Paris le 9 mai ; il arrive à Dresde le 26. L'empereur d'Autriche approuve la guerre que son gendre va entreprendre contre la Russie ; le roi de Prusse et les souverains de la Confédération accèdent de leur côté aux projets de l'homme tout-puissant dont les volontés sont irrésistibles.

Mais un traité de paix a été signé entre la Russie et la Porte Ottomane à l'insu de Napoléon.

Une armée considérable est déjà réunie dans la Prusse orientale. L'empereur des Français arrive à Thorn le 2 juin ; le 28, il entre dans Wilna, et la Lithuanie se réunit à la Pologne.

L'Anglerre signe, le 18 juillet, un traité avec la Suède, et le 1er août un traité de paix et d'union avec le cabinet russe ; la régence de Cadix en avait également signé un avec ce cabinet.

Les différents corps de l'armée d'Allemagne se mettent en mouvement le 23 juillet. Ils obtiennent successivement plusieurs avantages sur l'ennemi; ils s'emparent de Dunabourg, de Smolensk, et, le 16 septembre, a lieu la célèbre bataille de la *Moskowa*. Trente mille Russes et quarante de leurs généraux succombèrent; mais vingt mille Français, ainsi que huit généraux, au nombre desquels se trouvaient Caulaincourt et Montbrun; eurent le même sort.

Sept jours après, l'armée française arriva devant Moscou. On sut vers deux heures que les députations des administrateurs de la ville, si désirées et si attendues, ne viendraient pas; on apprit en même temps que les palais de cette vaste cité étaient déserts, et qu'elle n'avait plus pour habitants que les blessés, les malades et la plus infime population. Cependant cette ville de trois cent mille habitants, aussi vaste que Paris, renferme d'immenses magasins et va pourvoir encore mieux, par le départ de la population, à tous les besoins de l'armée française. Le général Durosnel, à la tête d'un corps de troupes, est envoyé comme gouverneur de Moscou; il est chargé de veiller à la tranquillité publique.

Le lendemain, l'empereur étonné, anxieux, monta au Kremlin; la solitude et le silence régnaient dans le vaste monument de l'antique puissance des czars. Napoléon n'eut pour té-

moins de sa gloire que les chefs de son armée
consternés du deuil triomphal qu'un fanatisme
barbare venait de faire à la violation de la ville
sainte des Russes : pendant la nuit, les sicaires
du gouverneur Rostopchin avaient incendié le
bazar, près de la Bourse, où étaient dix mille
boutiques, et plusieurs maisons d'un faubourg
éloigné.

Le général Durosnel et le duc de Trévise
employèrent tous les moyens en leur pouvoir
pour arrêter l'incendie. Mais dès ce moment,
si l'on ose le dire, commença contre la France
la complicité de la nature avec la politique, à
laquelle elle dévoua tous ses fléaux.

A huit heures du soir, un vent terrible pro-
pagea subitement l'incendie ; à dix heures, la
flamme s'élevait sur toute la ville. L'empereur,
fatigué de la journée précédente, s'était couché
à huit heures. Tout le palais fut réveillé par
les cris de l'armée et le fracas de la destruction
des édifices. La journée suivante fut employée
à sauver l'Arsenal, le Kremlin, plusieurs palais
et les hôpitaux, où gisaient les blessés et les
malades russes, qu'allait dévorer l'incendie
allumé par leurs compatriotes.

Vers cinq heures du soir, le feu entourait
tellement le palais impérial, que Napoléon,
craignant que ce grand désastre ne fût com-

biné avec une attaque nocturne, donna l'ordre du départ. Il fut obligé de traverser les flammes pour se rendre au château de Pétrowski.

Moscou expira dans un océan de feu : de douze mille maisons, cinq cents seulement furent épargnées, et de seize cents églises, un quart à peine demeura intact. Les toits de la plupart des habitations, construits en tôle, s'échauffèrent, fondirent et fomentèrent eux-mêmes dans tous les édifices l'action du feu, que des mains mercenaires avaient allumé par l'ordre du gouverneur. La flamme qui dévorait Moscou éclaira la marche de l'empereur ; du sommet des maisons qu'elle dominait, rabattue par le vent, elle se recourbait en voûte sur sa tête.

Cependant les soldats français, par ces efforts que peut seule inspirer la nécessité, parvinrent à sauver du sein des décombres embrasés une quantité assez considérable de provisions de tout genre, et pendant les six jours que dura l'incendie, ils trouvèrent le moyen de réparer leurs forces épuisées par une longue marche et d'incessants combats.

A peine installé au Kremlin, Napoléon avait expédié un courrier à Saint-Pétersbourg avec des propositions de paix : le courrier revint sans réponse. Deux nouvelles armées allaient prendre part aux opérations du généralissime Kutusow; elles étaient fortes de soixante mille hommes, et avaient opéré leur jonction derrière le Styr. Schwartzenberg pouvait leur opposer quarante-deux mille hommes; mais ce général se retira sur le Bug, où il demeura dans l'inaction.

Pendant que le froid, la famine et le fer faisaient périr nos soldats dans les déserts de la Russie, une conspiration éclatait à Paris. Malet et deux autres généraux en retraite entreprirent de soustraire la France au sceptre de Napoléon. Leur projet avait déjà reçu un commencement d'exécution, lorsqu'on se saisit de leurs personnes. Ils furent fusillés dans la plaine de Grenelle.

En Russie, l'armée opérait une désastreuse retraite, qui ne fut pas sans gloire. Le prince Eugène gagnait une bataille, et l'arrière-garde repoussait l'ennemi.

Le 14, l'armée est de retour à Smolensk, mais les neiges ont rendu les chemins impraticables. Elle ne pouvait cependant séjourner longtemps dans cette ville, car chaque délai était mortel. D'un autre côté, les hommes tombaient asphyxiés par le froid. Quinze jours après le départ de Moscou, l'armée française était réduite à cent mille hommes.

Ce n'est qu'à Wilna que l'armée peut espérer d'être hors de danger. Réduite alors à quatre-vingt mille hommes, cent quatre-vingts
lieues la séparent déjà de Moscou. Ces quatre-
vingt mille soldats sont soutenus par le courage de Victor et d'Oudinot; mais la perte de
la division Partouneaux, qui s'est égarée dans
les neiges et qui a été faite prisonnière, rend
le passage de la Bérésina difficile.

Le 26 et le 27 novembre s'effectue ce passage tristement célèbre. Le maréchal Oudinot,
à l'avant-garde, est blessé en repoussant
l'armée de Moldavie; mais l'intrépide Ney
a réuni à son corps celui du maréchal et
celui du prince Poniatowski; il met hors de
combat Tchitschagoff. A la tête des 4e et 5e
cuirassiers, le brave Doumerc enfonce six car-
rés d'infanterie et culbute la cavalerie russe.
Avec quatorze mille hommes seulement, Victor
contient les quarante mille que commande
Wittgenstein. La perte des Russes est partout
considérable. Enfin la *Bérésina* est franchie.

Une population nombreuse de fuyards, d'é-
trangers compromis par leurs rapports avec
l'armée française, des femmes, des enfants,
multitude pressée, foulée, au milieu du choc
des deux armées, renversée sous les fourgons,
sous les caissons de l'artillerie, dépouillée par

les Cosaques, expirant sur la neige dans les angoisses de la mort la plus douloureuse, couvraient la plaine.

Une partie seulement de l'artillerie du maréchal Victor resta au pouvoir des Russes. L'artillerie des autres corps avait passé avec eux. L'infortune des armes françaises est égale à sa gloire.

C'est en ce moment que Napoléon, forcé de revenir à Paris, remet le commandement général à Murat.

Le maréchal Macdonald menaçait Riga, lorsqu'il fut informé de la retraite de l'armée française. Il quitte Mittau le 19 décembre, et donne ordre au général York de le suivre à une journée de distance. Près de Tilsitt, le général Laskow veut s'opposer au passage du maréchal; le général Bachelu le met en déroute et lui enlève une partie de son artillerie. Macdonald passe le Niémen le 29, et le 30 il apprend que le général York venait de capituler. Cet événement mit la rive droite de la Vistule au pouvoir des Russes, et Murat se vit forcé de transporter son quartier général à Varsovie, et de là à Posen.

D'un autre côté, l'inaction de l'armée autrichienne neutralisait le mouvement de Régnier. Schwartzenberg étant resté dans la Gallicie autrichienne, Régnier et les Saxons se retiraient sur le Bug.

Pendant que s'accomplissaient ces deux défections, les débris de l'armée française, formant cent quarante-cinq mille hommes, touchaient enfin les terres alliées ; soixante-huit mille neuf cents soldats furent répartis dans les places de Dantzick, de Stettin, etc.

DEUXIÈME CAMPAGNE D'ALLEMAGNE.

L'empereur était arrivé à Paris avec le duc de Vicence. Le vingt-neuvième bulletin, qui venait d'être publié, agitait fortement les esprits et causait une douleur difficile à peindre. Déjà dans l'ombre germaient certaines espérances.

Jamais Napoléon ne déploya autant d'activité que dans ces circonstances. La France seconda ses efforts, et deux cent cinquante mille conscrits furent en peu de temps mis à sa disposition.

Le 27 janvier 1813, un traité offensif et défensif est conclu entre la Prusse et la Russie. Pendant ce temps, l'Angleterre intriguait pour faire entrer l'Autriche dans la coalition, et signait un traité avec la Suède.

Le 14 février 1813, Napoléon fit solennellement l'ouverture du Corps législatif. Il rendit compte à grands traits des motifs et des malheurs de la guerre de Russie, de la magnanimité de l'armée française, des complots de l'Angleterre et de ses sentiments particuliers pour la paix : « Je la désire, dit-il, elle est né- « cessaire au monde. Quatre fois depuis la rup- « ture qui a suivi le traité d'Amiens, je l'ai « proposée dans des démarches solennelles. » Il avait dit au sénat : « La guerre que je sou- « tiens contre la Russie est toute politique, je « l'ai faite sans animosité ; j'eusse voulu lui « épargner les maux qu'elle-même s'est faits. »

Ainsi, Napoléon déclarait que c'était l'Angleterre qu'il était allé attaquer à Moscou, et que c'était elle qu'il voulait de nouveau retourner combattre sur l'Elbe et sur l'Oder.

Cependant le prince Eugène avait employé heureusement les vingt-cinq jours qu'il était resté à Posen à réorganiser la discipline et les différents services de l'armée. Bien qu'il fût en présence de l'ennemi, il trouva moyen d'armer et d'approvisionner les places, et, malgré le défaut de cavalerie, il parvint à opérer sur l'Elbe une des plus belles retraites dont l'histoire militaire fasse mention.

Il arriva le 21 février à Berlin, où il fit stationner l'armée jusqu'au 4 mars. Quelques renforts, qu'il reçut successivement, lui permirent de tenir tête à l'ennemi, quoique celui-ci fût augmenté de toute l'armée prussienne. Il sut se maintenir, soit en avant de Magdebourg, soit en arrière sur la basse Saale, la droite appuyée sur les inexpugnables positions du Hartz.

Ces opérations donnèrent à Eugène le temps d'attendre l'arrivée sur le Rhin de cette autre grande armée que Napoléon avait fait jaillir du sol de la patrie.

La jeune armée vit l'ennemi pour la première fois, le 29 avril, à Weissenfeld, où l'infanterie de l'avant-garde défit sept mille cavaliers russes. Le 1er mai, elle s'empara de toutes les positions dans les défilés de Poserna. Bessières perdit la vie dans cette affaire. Le lendemain, l'empereur s'attendait à rencontrer l'ennemi à Leipsick ; mais il apprit que l'armée alliée était en présence du maréchal Ney, près de *Lutzen*. Il court aussitôt prendre position sur ce nouveau champ de bataille, où la nouvelle armée fit des prodiges de valeur. L'ennemi perdit dans cette journée plus de trente mille hommes.

Le 12 mai, l'empereur réintègre le roi de Saxe dans sa capitale, et le même jour le prince Eugène reçoit l'ordre de se rendre à Milan, et de lever de nouvelles troupes en Italie.

Alexandre, à qui Napoléon avait envoyé un message, fit enfin connaître sa réponse à l'empereur ; un armistice fut conclu le 4 juin.

Une convention avait été signée à Dresde le 30 juin ; mais la discussion des articles qui fut posée dans un congrès assemblé à Prague n'ayant amené aucun résultat, l'armistice fut rompu le 10 août.

Irrités du refus de Napoléon de se soumettre aux conditions qu'ils voulaient lui imposer, les souverains alliés reprirent l'offensive. Leurs armées se composaient de six cent mille hommes, les forces françaises montaient à peine à trois cent cinquante mille.

La jonction des armées autrichienne et prusso-russe eut lieu le 13 août. Napoléon ne le sut que le 21, et déjà il foudroyait Blücher.

Tout à coup Napoléon apprend que, par les conseils de Moreau, les alliés se dirigent sur *Dresde*. Il y vole à l'instant, après avoir confié le commandement de l'armée au duc de Tarente ; le 26, il arrive dans la capitale de la Saxe. Ses dispositions sont bientôt prises, et quoique les Prussiens et les Russes soient au nombre de cent quatre-vingt-dix mille, il remporte avec soixante-cinq mille hommes seulement une victoire complète : quarante mille hommes res-

tent sur le champ de bataille, et l'armée entre
le même soir à Dresde.

Alexandre et le roi de Prusse sont en fuite,
et Moreau a été puni de sa trahison en tombant
sous un boulet français.

Le prince de Schwartzenberg se retirait dans
la Bohême, tandis que Bernadotte battait le
duc de Raguse à quelque distance de Berlin.

Le 30, Vandamme perd six mille hommes
contre l'armée combinée en voulant la poursuivre jusqu'à Ulm.

Cependant, le roi de Wurtemberg ne tarda
pas à suivre l'exemple du roi de Bavière, qui s'é-
tait réuni aux Auchichiens. Ainsi l'armée combinée grossissait tous les jours, tandis que la trahison éclaircissait les rangs de l'armée française.
Napoléon n'avait plus sous ses ordres que
cent cinquante mille soldats et six cents pièces
d'artillerie ; ses adversaires lui opposaient trois
cent quarante-huit mille soldats, soutenus par
neuf cent cinquante bouches à feu.

Quoi qu'il en soit, l'empereur ne fut point
épouvanté. Habitué à vaincre, il comptait encore sur son génie et sur sa fortune ; cependant
sa position était des plus engagées. Son armée
était disséminée dans l'Allemagne ou enfermée
dans les places fortes de la Vistule et de l'Oder.
D'un autre côté, le maréchal Gouvion était

bloqué à Dresde avec son corps d'armée et les débris de Vandamme.

Réduite à cent trente mille combattants, l'armée française attend devant *Leipsick* six colonnes de cinquante à soixante mille hommes qui se dirigent contre ses positions. Le 18 octobre va éclairer ce combat de géants, autre bataille d'Actium, où le César moderne luttera seul contre un triumvirat de rois. Pendant sept heures, le centre et la droite de l'armée française, c'est-à-dire quatre-vingt-quinze mille hommes en repoussèrent cent soixante-dix mille.

Par des prodiges de valeur et d'audace, les troupes de Ney résistaient aux attaques continuelles de cette masse ennemie, lorsque tout à coup les Wurtembergeois et les Saxons passent traîtreusement sous les drapeaux de l'ex-maréchal Bernadotte, et tournent contre leurs héroïques alliés soixante pièces de canon, vingt-six bataillons et dix escadrons.

Napoléon accourt en personne au secours de l'aile gauche, et avec une division de sa garde et les grenadiers à cheval il repousse également les Saxons et les Suédois.

La bataille de Leipsick, gagnée sur la droite et sur le centre, fut perdue sur la gauche, livrée par les Saxons. Il ne restait plus dans les

caissons de l'artillerie que dix mille coups de
canon. Il fallut se diriger sur Erfurth pour re-
nouveler les munitions; et quoique l'ennemi
se fût retiré du champ de bataille, Napoléon
ordonna la retraite. Elle se fit dans l'ordre le
plus parfait.

Les ponts étaient passés avant le jour. Dix
mille hommes d'arrière-garde descendaient
encore les barrières des faubourgs pour donner le temps à l'artillerie et aux parcs de réserve de passer le grand pont, lorsque, trompé
par la vue de quelques Cosaques qui avaient
franchi l'Elster à gué, le sous-officier chargé
de détruire le pont, après l'évacuation totale de
la ville, crut que l'ennemi en était déjà maître
et le fit sauter.

L'arrière-garde de l'armée n'ayant plus de
retraite resta prisonnière, et, avec elle, tous les
bagages et deux cents pièces d'artillerie.

Le malheureux prince Poniatowski, blessé
à une brillante charge qu'il venait de faire dans
les rues de Leipsick, trouva la mort en s'élan-
çant dans le fleuve avec son cheval. Napoléon,
en traversant Leipsick, eut la générosité de
consoler le roi de Saxe de la trahison de ses
généraux.

Réduite à quatre-vingt-dix mille combattants, l'armée française arriva le 25 à Erfurth.

Elle continua sa retraite, et le 2 novembre elle avait repassé le Rhin.

Réunis à Francfort, les plénipotentiaires des puissances semblent vouloir poser les bases d'un traité ; en réalité, ils combinent l'invasion de la France. A cet effet, ils publient une proclamation dont le but est de désunir les Français en les isolant de leur chef.

CAMPAGNE DE FRANCE.

Arrivé à Saint-Cloud le 7 novembre, Napoléon prend toutes les mesures commandées par les circonstances. Un sénatus-consulte met trois cent mille hommes à sa disposition. Le 2 décembre, il fait déclarer par le duc de Vicence aux plénipotentiaires des armées alliées qu'il accepte les propositions de paix faites à Francfort.

Par le traité projeté, la France avait pour limites le Rhin, les Alpes et les Pyrénées ; l'Espagne était rendue à son ancienne dynastie, et l'Italie, l'Allemagne et la Hollande rétablies comme États indépendants.

Le traité allait être signé ; mais la France était déjà trahie par quelques hommes qui s'opposaient aux mesures pacifiques ; ils firent échouer les négociations.

5

Napoléon ouvrit la session du Corps législatif le 19 janvier ; le discours qu'il prononça fit la plus profonde impression. Il déclara qu'il désirait ardemment la paix, mais qu'il ne voulait l'obtenir que par la victoire.

Napoléon, se voyant entouré d'hommes qui conspiraient contre sa puissance, trahi à la fois par les deux rois sur l'alliance desquels il eût dû le plus compter, Murat et Bernadotte, ne pouvait plus se fier qu'en son armée.

La situation devenait plus grave de jour en en jour ; la neutralité de la Suisse venait d'être violée, et les troupes de l'Autriche et de la Prusse entouraient nos frontières.

Napoléon quitte Paris le 25 janvier, après avoir confié la régence à Marie-Louise, et le commandement de Paris à Joseph. Il établit son quartier général à Châlons-sur-Marne le 26. Ney, Mortier, Oudinot, Victor, Macdonald, Marmont commandent sous ses ordres ; Soult et Suchet sont sur les frontières d'Espagne, Maison sur celles du Nord ; Augereau commande à Lyon ; Davoust et son corps d'armée sont renfermés dans Hambourg.

Le 27, Napoléon repousse Blücher près de Saint-Dizier. Il se porte ensuite sur Troyes, où il apprend que la rupture du pont de Lesmont retient Blücher à Brienne. Napoléon y vole et

attaque le château et le bourg défendus par
les Prussiens et les Russes. Le combat dura
jusqu'à dix heures du soir.

L'ennemi s'étant retiré à Bar-sur-Aube, l'empereur occupe le château de Brienne le 30. Là,
il apprend que Blücher et Schwartzenberg ont
opéré leur jonction. L'armée française n'est
que de cinquante mille hommes de la nouvelle
levée, tandis que l'armée ennemie est composée
de cent mille vieux soldats. Napoléon n'en commande pas moins l'attaque ; mais il est obligé
de céder aux masses qu'on lui oppose, et il se
retire sur Troyes, après avoir perdu six mille
hommes.

L'armée est forcée de continuer sa retraite
après avoir coupé de nouveau le pont de Lesmont que l'empereur avait fait rétablir. Marmont, qui devait protéger la retraite, est resté
sur la rive droite de l'Aube : obligé de passer
la Voire à Rosnay, il est attaqué dans cette position par vingt-cinq mille Bavarois que commande le général de Wrède. Marmont, à la tête
de quelques soldats, traverse cette armée l'épée
à la main.

Pendant ce temps, le général Maison était
refoulé jusque sur les frontières de Flandre ;
ne pouvant plus résister aux efforts de Bernadotte. Eugène, à la suite de la défection de

Murat, avait été réduit à se replier de l'Adige sur les bords du Mincio.

Le congrès de Châtillon-sur-Seine s'ouvrit le 4 février; mais la Russie fit bientôt interrompre ces négociations, reprises par l'influence de Metternich. Sur ces entrefaites, Napoléon, victorieux de nouveau, ne voulut plus entendre parler de paix.

Les souverains alliés décident qu'ils marcheront sur Paris par les deux rives de la Seine et les deux routes de Châlons-sur-Marne, où se trouvait le général York. Le 5, Schwartzenberg occupa Troyes.

Napoléon voulut marcher contre Blücher, qui s'était séparé de Schwartzenberg afin d'agir isolément sur la Marne. Arrivé à Nogent-sur-Seine, il apprit l'évacuation de la Belgique, la marche de Blücher sur Châlons, et l'abandon de Liége par le maréchal Macdonald.

Ce fut aussi dans cette ville qu'il reçut l'*ultimatum* par lequel les alliés exigeaient que la France rentrât dans ses anciennes limites.

Le duc de Bassano et le prince de Neuchâtel lui conseillèrent de signer ces conditions; mais il refusa. Il envoya cependant l'*ultimatum* à Paris, afin qu'il en fût délibéré dans le conseil privé, ne voulant pas, dit-il, assumer sur lui la responsabilité du démembrement de l'Empire.

Alors Napoléon commença avec une nouvelle ardeur à prendre ses mesures pour rejeter l'ennemi hors du territoire français. Il ordonna au général Bourmont de défendre le
passage de la Seine à Nogent, et au maréchal
Oudinot de garder le pont de Bray. Il se dirigea lui-même sur Sézanne, où on lui apprit
que Macdonald marchait sur Meaux, tandis
que Blücher continuait à marcher sur Paris.
L'empereur déboucha le 8 février à Champ-
Aubert, après avoir ordonné à Marmont de se
porter en avant. Il tombe sur l'ennemi et foudroie Blücher.

Le 11, il marche contre les généraux York et
Sacken, qui, ayant appris la défaite de Blücher,
voulaient rétrograder. Le corps de ces deux
généraux est attaqué par l'avant-garde de l'armée française près de *Montmirail*; pendant le
combat, Mortier arrive avec la vieille garde.
L'attaque générale est alors ordonnée par l'empereur, et les Prusso-Russes sont complète-
ment défaits. Ils sont poursuivis jusqu'à Châ-
teau-Thierry, où ils entrent pêle-mêle dans la
journée du 12. Le général Mortier les empêche
de couper le pont, et les chasse sur la route de
Soissons.

Pendant ce temps, Marmont était repoussé
jusqu'auprès de Montmirail par Blücher, qui

venait de recevoir des renforts. Le maréchal prend position dans la plaine de Vauxchamps, où il est bientôt rejoint par l'empereur. L'ennemi est complétement battu, et Blücher ne s'échappe qu'à la faveur de l'obscurité. D'un autre côté, Schwartzenberg forçait le passage de Nogent à la tête de cent cinquante mille hommes. Il est attaqué par Napoléon, et son armée est mise dans une telle déroute, qu'il est contraint de solliciter une suspension d'hostilités.

Napoléon profite de ce retour de fortune pour demander la paix à des conditions plus avantageuses que celles qui lui avaient été offertes par l'*ultimatum* du congrès. Les victoires successives qu'il venait de remporter lui donnaient le droit de prétendre à un traité avantageux ; mais la trahison décidait dans ce moment du sort de la France.

Le 20 février, l'empereur se porte sur Bray, et de là sur Nogent, tandis que cent mille soldats étrangers étaient déjà refoulés sur les bords du Rhin. Le même jour le général Sacken est repoussé vers Méry-sur-Seine.

Le 23, Napoléon est sous les murs de Troyes, qu'il occupe après quelques heures de combat. Pendant ce temps, les ducs de Berry et d'Angoulême étaient l'un à Jersey, l'autre à Saint-Jean-de-Luz avec l'armée anglaise.

Blücher, n'ayant pu opérer sa jonction avec Schwartzenberg marchait sur Paris par les deux rives de la Seine. Marmont et Mortier avaient été obligés de se replier sur la Ferté-sous-Jouarre. L'empereur apprend ces mouvements; il charge Macdonald et Oudinot de contenir les Autrichiens; mais ces deux maréchaux sont obligés de reculer jusqu'à Troyes devant les forces supérieures de Schwartzenberg. Pendant ce temps, les ennemis marchent contre Lyon, défendu par cet Augereau si vaillant, et qui devait bientôt se déshonorer par l'impéritie ou la trahison.

D'autre part, Blücher se dirige sur Soissons après avoir passé la Marne. Napoléon envoie l'ordre à Marmont et à Mortier de devancer Blücher à Soissons; malheureusement, le général qui commandait cette place avait été contraint la veille d'ouvrir ses portes aux Prussiens, et Blücher, qui était perdu sans ressources, se trouve, par cette circonstance, au milieu de ses alliés.

Le 5 mars, Napoléon se porte sur Béry-au-Bac, qu'il fait enlever par le général Nansouty; le lendemain, il marche sur Laon. Le 7, on attaque l'armée russe sur les hauteurs de

Craonne : après un combat sanglant, qui dure jusqu'à la nuit, et dans lequel Victor, Grouchy et Nansouty sont blessés, l'ennemi est mis en fuite. Napoléon marche alors sur Laon. Il rencontre l'ennemi à deux lieues de cette ville : il l'attaque la nuit, mais ne parvient point à forcer la position élevée qu'il occupe.

Le 10, Marmont se laisse surprendre pendant la nuit, et son corps est entièrement dispersé. L'armée russe chasse de Reims le général Corbineau. Napoléon s'y rend le 13, et force le général Saint-Priest, émigré français, à lui abandonner cette ville. Le même jour, le brave général hollandais Jansen arrive avec un corps de six mille hommes, ce qui portait l'armée française à quarante mille combattants : elle avait à lutter contre l'Europe entière !

Bientôt l'ennemi entoure Paris de toutes parts. Le 16, l'empereur donne l'ordre à Joseph d'envoyer au moindre danger Marie-Louise, son fils et les ministres au delà de la Loire. Le 20, il traverse Arcis avec les corps de Macdonald et d'Oudinot, qui se sont ralliés à lui, se porte sur la route de Troyes, et découvre devant lui toute l'armée de Schwartzenberg. Malgré les forces bien supérieures de l'ennemi, Napoléon engage le combat et cherche une mort glorieuse au milieu de cette poignée de braves. La nuit n'arrête point les efforts des soldats, et ils combattent à la lueur des flammes qui dévorent les faubourgs d'Arcis.

Napoléon, malgré la valeur et le dévouement de ses soldats, est obligé d'ordonner la retraite sur Vitry-le-Français ; elle s'opère d'une manière terrible pour l'ennemi. Le 24, l'empereur transporte son quartier général à Doulevent, et commande à ses troupes de marcher sur les alliés ; ceux-ci occupent toutes les routes de la capitale. Le 25, par une habile manœuvre, le général Piré a séparé l'empereur d'Autriche de l'empereur de Russie. L'arrière-garde française est attaquée par des forces supérieures, et Napoléon, qui semble se multiplier et qui a retrouvé toute l'activité de sa jeunesse jointe à l'expérience des années, y vole et chasse l'ennemi ; mais, trompé par les rapports de ses généraux, il est convaincu, seulement le lendemain, que c'est Wintzingerode et non Schwartzenberg qui se retire devant lui. Il apprend le même jour que ce dernier a opéré sa jonction avec Blücher dans les plaines de Châlons. Après différents combats, les maréchaux Mortier et Oudinot opèrent leur retraite sur Paris par Sésanne, la Ferté-Gaucher, Meaux, et Ville-Parisis.

Napoléon part à la hâte de Saint-Dizier ; et le 30, à dix heures du soir, il n'est plus qu'à cinq lieues de la capitale, qu'il veut sauver à tout prix. Mais déjà il est trop tard : il apprend par le général Belliard que Paris vient de capituler. Ni Joseph, ni le ministre de la guerre n'avaient pris aucune mesure pour résister et seconder l'élan des habitants.

L'empereur voulait marcher sur Paris, mais il fut détourné de ce projet par la plupart de ses généraux, qui lui représentèrent l'inutilité et le danger de cette démarche. Il y renonça donc et envoya le duc de Vicence comme plénipotentiaire. Ce dernier arriva au moment où les souverains alliés venaient de faire leur entrée. Déjà les couleurs de l'ancienne dynastie avaient été arborées.

Le 5 avril fut publié l'acte du sénat qui déclarait Napoléon déchu du trône, le droit d'hérédité aboli dans sa famille, et le peuple français et l'armée dégagés envers lui du serment de fidélité. Le duc de Vicence, accompagné de Macdonald et de Ney, remit aux souverains alliés une déclaration par laquelle Napoléon consentait à descendre du trône et à quitter la France pour le bien de sa patrie, inséparable des droits de son fils, de ceux de la régence de l'impératrice et du maintien des lois de l'Empire.

Le commandement des troupes entre Essonne et Paris avait été confié à Marmont ; Napoléon lui ordonne de rejoindre les plénipotentiaires à Paris. Marmont se rend en effet dans cette ville, où il fut admis, avec Ney, Macdonald et Caulaincourt chez l'empereur de Russie, à une heure du matin. Alexandre les écouta avec beaucoup d'intérêt, mais ajourna à midi la suite de l'entretien. Dans cet intervalle, on apprit que le corps de Marmont avait abandonné ses positions ; l'empereur de Russie déclara alors qu'on ne pouvait plus admettre que l'abdication pure et simple de Napoléon.

Quand l'armée de Marmont apprit la trahison de ses chefs, elle témoigna la plus vive indignation : la plupart des officiers brisèrent leur épée, et les soldats, demeurés sans chefs, se laissèrent conduire à Mantes.

PREMIÈRE ABDICATION DE NAPOLÉON.

La conduite de Marmont affligea profondément l'empereur. Il adressa, le 5 avril, à l'armée de Fontainebleau un ordre du jour où il exposa la conduite du maréchal, ainsi que la situation des choses. Au retour des plénipotentiaires, il déclara qu'il ne voulait point exposer la France à la guerre civile, et qu'il était décidé à abdiquer. Dans le même moment, le sénat appelait au trône Louis-Xavier-Stanislas de Bourbon, frère de Louis XVI, et après lui les membres de sa famille. Les plénipotentiaires se rendirent à Paris avec l'abdication de Napoléon.

Par le traité signé le 11 à Paris, et le 13 à Fontainebleau, l'empereur Napoléon, l'impératrice et tous les membres de la famille impériale conservaient leurs titres. L'île d'Elbe était donnée à Napoléon en toute souveraineté; les duchés de Parme, de Plaisance et de Guastalla, donnés à l'impératrice, devaient passer à son fils.

A ce moment où Napoléon, grand encore dans sa chute, traitait avec les souverains coalisés, le maréchal Soult faisait de nobles adieux à la gloire militaire de la France par la victoire de Toulouse. Après la bataille d'Orthez, il avait lentement et glorieusement dirigé sa belle retraite jusque sous les murs de la capitale du Languedoc, dont en quinze jours il avait fait un vaste camp retranché. Le 10 avril 1814, à six heures du matin, l'action s'était engagée autour de l'immense enceinte que le génie du maréchal Soult avait su fortifier sous les yeux de l'ennemi. La nuit seule avait terminé cette

grande journée, où trente mille conscrits
avaient lutté contre quatre-vingt mille vieux
soldats. Les Français ne perdirent que trois
mille six cents hommes ; du côté de Wellington, dix-huit mille restèrent sur le champ de
bataille. Le lendemain, le maréchal Soult se
met en marche pour le département de l'Aude,
afin d'amener à Napoléon une de ses plus braves armées. Soult ne sait pas que la grande
bataille qu'il vient de donner a été dérobée à
un armistice, c'est Wellington qui le lui apprend seulement le 12, et pendant sa marche.

Si cependant, en supposant toujours l'ignorance de l'abdication, l'armée d'Aragon, commandée par le maréchal Suchet, et dont une
partie était déjà arrivée à Narbonne, eût pu
se joindre, à Toulouse, à l'armée de Soult,
toute la campagne de Wellington en France
était anéantie. La jonction avec l'armée du
maréchal Augereau se fût faite dans les Cé-
vennes ; celle du vice-roi, qui était alors en
marche, y eût également été réunie, et une
autre France, sous les drapeaux de cent mille
combattants, venait sur les bords de la
Loire, et sous le commandement du maréchal
Soult, réclamer celle qui était envahie et délivrer le grand prisonnier. Le destin en ordonna
autrement, et, le 20 avril, Napoléon quitta Fon-

tainebleau, après avoir fait ses adieux à la vieille garde. •

Cet adieu solennel fut déchirant par l'émotion qui, pour la première fois, attendrit le visage de Napoléon devant ses soldats.

Le 5 mai, à six heures du soir, il arriva à Porto-Ferrajo (ville principale de l'île d'Elbe), où il fut reçu par le général Dalesme, et bientôt rejoint par sa mère et sa sœur Pauline. Trois généraux l'avaient suivi dans son exil, Bertrand, Drouot et Cambronne.

La France venait de reconnaître le gouvernement des Bourbons; et s'il est vrai qu'ils sont revenus à la suite des armées alliées, il est vrai de dire aussi qu'ils avaient obtenu de ces mêmes alliés une capitulation avantageuse. Mais bientôt des prétentions surannées, des concessions faites à des idées d'une autre époque devaient amener de nouvelles commotions.

RETOUR DE L'ILE D'ELBE.

Napoléon cependant n'avait pas cessé d'entretenir des relations avec ses partisans. Il prit la résolution de rentrer en France au commencement de 1815, comptant, pour la réussite de ses projets, sur son alliance avec Marie-Louise,

et, par suite, sur l'assistance de l'Autriche. Il
fit venir des munitions de Naples et des armes
d'Alger, et, le 26 février 1815, à huit heures du
soir, avec onze cents hommes seulement, il s'em-
barqua sur le brick *l'Inconstant*, qui portait
vingt-six canons et quatre cents grenadiers.
Six autres petits bâtiments composaient la
flottille impériale.

Bientôt l'île fut perdue de vue. Excepté
peut-être Bertrand, Cambronne et Drouot, personne ne savait où l'on allait. « Grenadiers, »
dit Napoléon après une heure de marche, « nous
« rentrons en France, nous allons à Paris. »
Le cri de *Vive la France! vive l'empereur!*
s'éleva dans les airs, et la joie reparut sur le
front des vieux guerriers de Fontainebleau.
Ainsi la Méditerranée allait rapporter encore
en France celui que vingt ans plus tôt elle
avait ramené d'Egypte. Mais les conséquences,
cette fois, devaient être funestes pour Napoléon
et pour la France.

Ce ne fut point sans danger que la flottille
débarqua, le 1er mars, à cinq heures du matin, au golfe Juan. Arrivé à Gap le 5, Napoléon
y fit imprimer des proclamations qui furent
distribuées à profusion dans toute la France.

Le 6 mars, quarante hommes d'avant-garde,
sous les ordres de Cambronne, se portèrent

jusqu'à Mure, où ils rencontrèrent des troupes envoyées de Grenoble pour arrêter la marche de Napoléon; elles se replièrent de trois lieues afin de prendre position. Napoléon s'avança alors vers un bataillon du 15ᵉ de ligne qui faisait partie du corps de huit cents hommes envoyés contre lui. Après qu'il leur eut adressé quelques paroles, les soldats crièrent : *Vive l'empereur!* et se rangèrent de son parti. Entre cette ville et Vizille, le 7ᵉ régiment de ligne, commandé par Labédoyère, vint doubler la force des troupes impériales.

Le lendemain, l'empereur passa la revue des troupes de Grenoble. Le soir il se mit en marche pour Lyon.

Cependant le gouvernement de Louis XVIII prenait toutes les mesures possibles pour l'arrêter dans sa marche. Le comte d'Artois et le maréchal Macdonald étaient partis pour Lyon; ils devaient marcher contre lui avec vingt-cinq mille hommes, tandis que le duc d'Angoulême, accompagné de quelques généraux, devait lui couper la retraite dans le Midi. Le 10 mars, Napoléon fit son entrée à Lyon à la tête de cette même armée envoyée contre lui. Il fut reçu avec un enthousiasme extraordinaire. De Lyon à Paris il ne trouva plus d'obstacles, et, comme l'a dit un poëte, le drapeau tricolore vola de clocher en clocher jusqu'aux tours de Notre-Dame.

Le 19 mars, à minuit, Louis XVIII quitte le château des Tuileries, et le 20, à neuf heures du soir, Napoléon entre à Paris. Le 22, il passe la revue des troupes et leur fait jurer de défendre les aigles qu'il vient de rapporter de l'île d'Elbe. Le serment est prêté au milieu des plus vives acclamations de la part des soldats; mais le peuple, inquiet de l'avenir, reste silencieux.

La nouvelle du débarquement de Napoléon avait ébranlé de nouveau l'Europe; tous les souverains alliés lancèrent contre lui un manifeste menaçant. Celui-ci, avant de marcher à l'ennemi, qui s'avançait vers les frontières de France, ouvrit l'assemblée du champ de mai, où fut prêté le serment de fidélité à l'empereur et à l'Acte additionnel. Le 7 juin, eut lieu l'ouverture des chambres législatives.

BATAILLE DE WATERLOO.

Le 12, Napoléon partait pour l'armée; le 13, il était à Avesnes; le 14, il divisa l'armée en trois directions : la gauche, forte de quarante-trois mille hommes, se répandit sur la rive

6

droite de la Sambre; le centre, composé de soixante-quatre mille hommes, se massa sur Beaumont, où était aussi le quartier général, et la droite, de seize mille cinq cents hommes, campa en avant de Philippeville. L'armée était donc de cent vingt-deux mille cinq cents hommes, servie par trois cent cinquante bouches à feu.

Napoléon, calculant par les positions de l'armée de Wellington, dont le quartier général était à Bruxelles, et par celles de Blücher, dont le quartier général était à Namur, que l'ennemi avait besoin de deux jours au moins pour se réunir et opérer sur le même champ de bataille, forma le plan de battre les deux généraux l'un après l'autre. En conséquence, il s'étudia, non sans succès, à leur dérober ses mouvements, afin de les surprendre et de les mettre dans l'impossibilité de se secourir. Calculant de plus, avec la sagacité d'un homme supérieur, autant le caractère des deux généraux ennemis que les accidents de terrain, il jugea qu'il devait attaquer les Prussiens les premiers.

Après avoir électrisé ses soldats par un ordre du jour, il se mit en marche le 15. Les Prussiens furent repoussés dès le premier choc. Du 15 au 16, les Français franchirent la Sam-

bre, la droite sur le pont de Châtelet, le centre
sur celui de Charleroi, et la gauche sur celui
de Marchiennes. Ce succès est d'autant plus
remarquable, que le général Bourmont avait
sans pudeur passé à l'ennemi, emportant, dit-
on, un tracé des positions des troupes.

Le même soir, Wellington porta son quartier général aux *Quatre-Bras*, ce qui n'eût pu
s'accomplir si Ney avait exécuté les ordres qui
lui avaient été donnés.

Dans la nuit, Ney reçut l'ordre de se porter
aux Quatre-Bras et d'attaquer vivement l'arrière-garde anglaise. Le comte Lobau prit position sur le même point, par la chaussée de
Namur, pour favoriser cette attaque.

Napoléon se mit alors à la tête des troupes
et prit position en avant de Planchenoy. L'armée française, disposée à marcher en deux
colonnes sur Bruxelles, n'était plus qu'à quatre
lieues de cette ville.

L'armée anglo-hollandaise avait établi son
quartier général à Waterloo.

L'armée française se mit en mouvement le
10. Napoléon forma six lignes de ses troupes,
et se décida à attaquer la gauche de l'ennemi,
afin d'offrir un point de jonction à Grouchy
qu'il attendait d'un moment à l'autre par la
route de Wavre, où il devait attaquer et ache-

ver de détruire, au point du jour, l'armée de
Blücher, déjà réduite de trente mille hommes.
Mais Napoléon ignorait que le corps de Bulow
venait d'opérer sa jonction avec celui de Blücher.

La grande armée ouvrit le feu à dix heures
et demie. Si l'attaque fut vigoureuse, la défense fut aussi énergique ; cependant, malgré
la résistance des ennemis, le prince Jérôme
et le comte Reille enlevèrent le bois et le
château d'Hougoumont. Napoléon allait donner l'ordre au maréchal Ney d'attaquer le
centre, lorsqu'il découvrit à la lorgnette des
troupes dans la direction de Saint-Lambert ;
il apprit alors que c'était l'avant-garde du
corps de Bulow.

A midi le combat était engagé aux deux
ailes, mais particulièrement sur la gauche, les
troupes de Bulow étant encore stationnaires à
l'extrême droite. Napoléon ordonne à Ney de
s'emparer de la ferme et du village de la
Haye-Sainte, afin de couper les communica-
tions des Anglais et des Prussiens : la ferme
est emportée, et une division anglaise est détruite.

La déroute des ennemis était complète et la
victoire était aux Français, lorsque le corps
de Bulow opéra sa puissante diversion. Grou-

chy n'avait point exécuté les ordres qui lui avaient été expédiés, et qui, dit-on, lui parvinrent trop tard; il n'avait pas encore levé son camp à dix heures du matin.

La canonnade s'engagea bientôt entre le corps commandé par Lobau et celui de Bulow, pendant que le comte d'Erlon, après s'être emparé de la Haye-Sainte, débordait la gauche des Anglais et la droite des Prussiens. Le combat devint bientôt général; Bulow fut repoussé, et les Anglais abandonnèrent le champ de bataille entre la Haye et Mont-Saint-Jean. Pendant ce temps, la grosse cavalerie de la garde, qui était en seconde ligne, se portait au grand trot sur le plateau. L'empereur s'aperçut du zèle imprudent de sa réserve; il voulut la faire rappeler; mais elle était engagée, et fit des prodiges de valeur; ces avantages toutefois n'équivalaient point à ceux que Napoléon en attendait.

A sept heures du soir, l'armée française, par d'incroyables prodiges, était restée maîtresse du champ de bataille, et la victoire avait été arrachée par soixante-neuf mille Français à cent vingt mille étrangers.

Dans ce moment, on entendit dans la direction de Saint-Lambert la canonnade du maréchal Grouchy. Il n'était arrivé qu'à quatre

heures devant Wavre, où il avait reçu les
ordres qui lui avaient été expédiés le matin
du champ de bataille. En conséquence, il dé-
tacha le général Pajol avec douze mille hommes
à Limale, sur le pont de la Dyle, et pendant
ce temps le maréchal attaqua Wavre. Blücher
y avait couché avec ses quatre corps d'armée,
parmi lesquels était celui de Bulow; mais il
était parti, et n'avait laissé à Wavre que le
troisième corps, sous les ordres du général
saxon Thielman, avec l'ordre de tenir pour
masquer son départ. Cette marche de Blücher
coïncida d'une manière si fatale pour l'armée
française avec la marche rétrograde de Bulow
et la position désespérée de Wellington, qu'elle
établit la communication entre les deux armées, arrêta l'une dans sa fuite et devint le
salut de l'autre. Les Français, à la fin de cette
journée, qu'un succès disputé avec acharne-
ment avait rendue si pénible, avaient donc à
recommencer le combat contre cent cinquante
mille hommes; soit, dans la proportion de leur
nombre, deux et demi contre un !

L'armée française, quand on lui dit qu'un
nombreux corps était signalé à la droite, et
qu'elle vit plier les troupes de Bulow, avait
cru plus que jamais à la victoire. Napoléon
ne faisait-il pas dire sur toute la ligne que le

maréchal Grouchy arrivait? C'était l'espérance
de l'armée; un quart d'heure pouvait donner
le salut à tant de braves, et ce quart d'heure
était nécessaire pour laisser déboucher et arri-
ver en ligne le reste de la garde. Mais ce secours si précieux ne devait pas venir : c'était
une illusion! Blücher se porta avec ses quatre
divisions sur le hameau de la Haye-Sainte,
que défendait une seule division française.
Cette division fut culbutée. Là, dit-on, fut entendu le cri funeste de : *Sauve qui peut!* là fut
faite la trouée par laquelle l'innombrable cavalerie ennemie inonda le champ de bataille.
En ce moment tout fut perdu.

Napoléon dut se réfugier dans un carré de
sa garde avec une partie de son état-major,
qui avait mis, comme lui, l'épée à la main.
La retraite s'opéra par de nouveaux prodiges
et de sanglants sacrifices. Le feu de l'ennemi
était à huit cents mètres derrière la malheureuse armée française. Les chaussées étaient
rompues : un pêle-mêle général, qui entraîna
Napoléon et les débris de sa garde, confondit
bientôt à travers champs la cavalerie, l'infanterie, l'artillerie, les chariots et les bagages.
Le désespoir de ceux qui survécurent et sui-
virent Napoléon sur Paris ne peut être comparé qu'à la gloire dont ils s'étaient couverts

depuis le commencement de la journée jusqu'à
la nuit. L'état-major gagna Jemmapes, où il
voulut vainement organiser quelques moyens
de défense. Les équipages de Napoléon avaient
été pris. Une charrette servit à transporter le
vaincu de Waterloo à Philippeville, où il monta
dans une calèche avec le général Bertrand, qui
ne devait plus le quitter qu'après lui avoir
fermé les yeux à trois mille lieues de la
France...

SECONDE ABDICATION.

Le lendemain, Napoléon arriva au palais de
l'Élysée. L'ostracisme l'attendait dans la capitale : il lui fallait vaincre, et il revenait sans
armée ; aussi perdit-il le pouvoir et jusqu'à la
liberté. Les chambres se déclarèrent en per-
manence, et, après la plus vive discussion,
elles envoyèrent à l'empereur le conseil d'abdiquer.

Napoléon, après avoir protesté, abdiqua,
faisant noblement le sacrifice de sa couronne.

Cependant les généraux français essayent de
soustraire la France à une seconde invasion
et cherchent à rallier les débris de Waterloo.

Soixante-quinze mille hommes se réunissent sous les murs de Paris ; ce qui n'empêche pas les alliés de s'avancer vers cette ville avec une sécurité vraiment extraordinaire. Enfin une capitulation est signée.

Napoléon quitta la Malmaison le 29 juin ; il arriva le 3 juillet à Rochefort, où il trouva toutes les issues de la mer occupées par l'ennemi. Le 3 juillet, jour où Louis XVIII faisait sa rentrée dans la capitale, Napoléon monta à bord de la frégate *la Saale*, et aborda le lendemain à l'île d'Aix.

Le 10, la croisière anglaise l'ayant empêché d'appareiller, il se décida à confier son sort aux Anglais. Il fit part de sa détermination au capitaine Maitland, commandant le vaisseau *le Bellérophon*, et se rendit à son bord, accompagné du général Becker. Avant de mettre le pied sur le pont, il adressa au général ces belles paroles : « Retirez-vous, « général; je ne veux pas qu'on puisse dire « qu'un Français est venu me livrer à mes « ennemis. »

Plein de confiance dans la loyauté des Anglais, Napoléon adressa la lettre suivante au prince régent :

« En butte aux factions qui divisent mon

« pays et à l'inimitié des plus grandes puis-
« sances de l'Europe, j'ai terminé ma car-
« rière politique, et je viens, comme Thémis-
« tocle, m'asseoir au foyer britannique. Je me
« mets sous la protection de ses lois, que je
« réclame de V. A. R. comme celle du plus
« puissant, du plus constant et du plus géné-
« reux de mes ennemis. »

Le 16 juillet, *le Bellérophon* mit à la voile ;
mais, arrivé à Plymouth, on fit entendre à
Napoléon qu'il allait être transporté à Sainte-
Hélène. Il ne voulait pas le croire d'abord.
Le 30 juillet, il fut complétement désabusé :
un commissaire anglais lui fit connaître la détermination du cabinet britannique. Napoléon
protesta, mais cette protestation eut le sort de
sa lettre au prince régent, et l'hospitalité du
Bellérophon devint la captivité sur *le Nor-
thumberland*, où il fut transféré le 16. On mit
à la voile, et trois mois après, le 18 octobre,
il descendait, pour ne jamais la quitter, sur la
terre meurtrière de Sainte-Hélène.

MORT DE NAPOLÉON.

Le 3 mai 1821, sentant sa fin approcher, il
s'adressa aux généraux Bertrand et Montholon,

ses exécuteurs testamentaires : « J'ai sanctionné
« tous les principes, je les ai infusés dans mes
« lois, dans mes actes ; il n'y en a pas un seul
« que je n'aie consacré. Malheureusement les
« circonstances étaient graves. J'ai été obligé
« de sévir, d'ajourner ; les revers sont venus ;
« je n'ai pu débander l'arc, et la France a été
« privée des institutions libérales que je lui
« destinais. Elle me juge avec indulgence ; elle
« me tient compte de mes intentions ; elle
« chérit mon nom, mes victoires. Imitez-la :
« soyez fidèles aux opinions que nous avons
« défendues, à la gloire que nous avons ac-
« quise ; il n'y a hors de là que honte et con-
« fusion. »

Enfin le 5 mai, il expira en jetant un dernier regard sur le buste de son fils, et en pro-
nonçant ces mots d'une voix affaiblie, mais
ferme : *Tête d'armée... Mon fils... France...*

Doué d'une intelligence puissante, d'un coup
d'œil sûr et d'une vaste science militaire, Napoléon, général, consul, empereur, proscrit,
sous quelque forme qu'on se le représente,
apparaît aux regards de la postérité comme
un de ces géants fantastiques qui semblent
croître à mesure qu'ils s'éloignent. Son nom
est écrit en lettres de feu et de sang dans l'his-

toire contemporaine de tous les peuples ; les
nations qui lui servirent de marchepied ont
retenu ce nom magique ; mais, par un mystère impénétrable, elles n'ont qu'une voix pour
célébrer sa louange : elles ont abdiqué de justes
ressentiments et remplacé les cris de vengeance
par l'hymne du pardon. Ce nom est environné
d'une auréole lumineuse et poétique, qui fait
disparaître pour les peuples le souvenir de
leurs propres calamités. Entrez dans l'humble
cabane des montagnards du Dauphiné et des
Vosges, dans les pauvres huttes de la Cham-
pagne, dans les fermes de la Vendée, et vous
y trouverez toujours l'image de l'empereur ;
il est là comme le héros populaire :

> On parlera de sa gloire
> Sous le chaume bien longtemps.

On en parle avec enthousiasme dans les
steppes marécageuses de la Sibérie, sur les
Apennins, le long des fleuves allemands, qui
roulèrent à la mer tant de cadavres : c'est le
lion du désert de Syrie, le *Bounaberdi* de la
légende arabe.

Napoléon était de taille ordinaire, plutôt
petite que grande (quatre pieds onze pouces).
Il avait la tête très-grosse, le front large et

élevé ; ses yeux étaient bleu clair, ses cheveux
fins comme de la soie, ses sourcils châtain
noir. Son regard, qu'il était difficile de supporter, et que l'on a si heureusement comparé
à celui de l'aigle, était rapide comme l'éclair :
doux ou sévère, terrible ou caressant, selon
les pensées qui agitaient son âme. Il avait le
nez bien fait, la forme de la bouche gracieuse
et d'une extrême mobilité. Ses mains, petites,
potelées, étaient remarquablement belles et
blanches. Sa voix était pleine, sonore, accen-
tuée. Il avait la poitrine large, le buste un peu
long, en sorte qu'en le voyant à cheval, on
l'aurait jugé un peu plus grand qu'il n'était en
réalité.

Son visage, pendant l'enfance et la jeunesse,
était celui d'un adolescent italien, brun et vif.
Après les campagnes d'Italie et d'Égypte, où
il avait été éprouvé par les fatigues de la
guerre, ses joues étaient creuses et pâles. Ses
longs cheveux plats, descendant sur ses joues
et ses oreilles, lui donnaient un aspect singulier,
mais qui inspirait l'intérêt, l'admiration, le
respect.

Parvenu au pouvoir, il ne tarda pas à perdre
sa maigreur. Son teint s'éclaircit, et peu de
figures étaient aussi belles que la sienne dès
les premières années de l'Empire. C'était un

type d'une régularité remarquable, que les artistes se sont efforcés de reproduire, et dont quelques portraits de David, de Gérard, de Girodet et le buste de Chaudet peuvent seuls donner une idée exacte. Le plâtre moulé sur sa tête après sa mort rappelle une belle étude de l'antiquité.

DEUXIÈME PARTIE

SON GOUVERNEMENT. — SES CRÉATIONS

APERÇU GÉNÉRAL

Napoléon offrait l'assemblage de qualités qui se rencontrent rarement dans un même caractère. Son imagination, singulièrement active, était tempérée par une maturité de raison tout exceptionnelle. Élevé pour ainsi dire dans les camps, il sut pourtant comprendre et consacrer le principe de l'égalité civile devant le Code, et présider, la veille d'une bataille, à la paisible discussion des lois.

A peine a-t-il saisi le pouvoir, que la France marche à la tête des nations. Devenu, pour ainsi dire, l'arbitre des puissances du continent, il fait servir son irrésistible influence au plan de pacification, longtemps incompris, qu'a tracé son génie. Dans un sol profondément remué, sa main jette les fondements d'une monarchie nouvelle, et dont l'inauguration est saluée par toute l'Europe. C'est alors que, fidèle à son plan, il fait asseoir auprès de lui la fille d'une des plus puissantes maisons du monde, qui devient ainsi notre alliée. Bientôt, et pour la première fois peut-être, on voit un conquérant accuser la guerre de n'être qu'un fléau, et demander à ceux qu'il a vaincus une paix qu'il désire plus qu'eux-mêmes.

A l'intérieur, sa prudence sait mettre un terme aux troubles sanglants qui désolent la Vendée, et, tout en désarmant les rebelles, il relève l'autel au nom duquel ils croyaient combattre encore.

Législateur de l'Empire qu'il a fondé, il donne pour base à son Code la morale religieuse; il crée en quelque sorte la prospérité publique, régénère l'agriculture en la poussant au progrès, ranime le commerce, source iné-

puisable de richesses, ouvre un nouveau système de navigation, joint la Méditerranée à
l'Océan, et fait de la France une vaste place
commerciale ayant pour rues des fleuves et des
rivières, et pour bassins deux mers à ses extré-
mités.

De temps en temps, il se dérobe à ses conseils
pour aller interroger les besoins et les intérêts
des provinces, vivifier l'industrie d'un regard,
et activer les sources de la prospérité publique.

Il sait que le luxe alimente le travail : aussi
favorise-t-il les grandes spéculations et oblige-
t-il les richesses improductives à circuler, en
environnant les fonctions publiques d'un éclat
qui commande le respect des masses.

Des règlements sages et sévères organisent
l'armée ; le grand capitaine a songé à ses compagnons d'armes. C'est pour eux surtout qu'il
institue cette Légion d'honneur, qui va de pair
avec les plus illustres ordres militaires et doit
enfanter des héros.

La science et les arts trouvent en lui un
protecteur éclairé : il a voulu être membre de
l'Institut. Il honore publiquement ces réunions
solennelles où l'historien déroule les annales de
l'humanité, où fleurissent la poésie et l'élo-
quence. Il rouvre, en les règlementant, les
institutions de charité consacrées à l'enfance, à

7

la maladie, à la vieillesse; il en régularise
l'existence; il réprime le vagabondage. Il multiplie les bourses, crée les chambres de commerce et les conseils manufacturiers, forme
l'École de Châlons et donne un musée spécial
aux Arts et Métiers. Sa prudence règle les rapports de maître à ouvrier, et offre à tous deux,
dans les livrets, une garantie salutaire. En un
mot, sa sollicitude s'étend tour à tour à tous
les éléments de l'ordre social, à tous les genres
d'intérêts, à toutes les classes.

Telles sont, en abrégé, les œuvres de Napoléon Ier, dont on va lire ci-après l'exposé.

MŒURS PUBLIQUES.

Au sortir d'une grande révolution, la réorganisation des lois et de l'ordre politique ne
pouvait s'accomplir sans exercer une réaction
considérable sur les mœurs et les coutumes
nationales. Le premier consul ne voulait autour
de lui aucun des scandales du règne de Louis XV;
il aimait dans les mœurs extérieures une certaine sévérité; il interdisait au vice de s'affi-
cher et de gouverner les caprices de la mode.
La réforme n'était guère facile à opérer deux

ans après le règne de Barras, alors que les saturnales du Directoire étaient présentes au souvenir de toutes les classes de citoyens, alors que l'immoralité et la corruption venaient à peine d'être détrônées. Mais, soldat monté sur le pavois aux acclamations d'un peuple révolutionnaire, Napoléon comprit que l'éclat du vice, en reportant la nation à de funestes souvenirs, devait compromettre sa jeune dynastie en la dégradant dès son origine. S'il y eut des désordres à la cour, ces fâcheux écarts n'influèrent jamais sur le gouvernement, et, sous ce rapport, l'histoire peut s'épargner la pénible tâche d'en tenir compte et de les étaler au grand jour. Napoléon, pour imposer davantage à ses lieutenants, à ses égaux de la veille, renonçait aux habitudes familières de la vie. Toutefois cette transformation ne s'accomplissait que peu à peu. A la Malmaison, à Saint-Cloud, le premier consul réunissait une société choisie, dans le sein de laquelle figuraient des généraux, des artistes, des poëtes, des hommes d'État célèbres. Ce monde était composé de jeunes hommes, car en quelques années toutes les positions de la société avaient été conquises par la jeunesse ; et le premier consul, âgé de moins de trente-trois ans, était comme entouré de camarades, qui, pour la plupart, ne l'avaient que de peu de temps précédé dans la vie. Empereur, Napoléon avait rétabli l'étiquette de cour, et les usages dans son palais avaient été calqués, en quelque sorte, sur ceux de la maison de Louis XIV. Il aimait à s'entourer des illustrations de toutes les époques, à rassembler autour de lui les Montmorency et les Montebello, les Larochefoucauld et les Trévise, noms rehaussés par des exploits récents ou par d'illustres ancêtres. La cour impériale étalait une grandeur et une magnificence extraordinaires. Étrange époque, où l'on vit un jour sept rois, perdus dans la foule des courtisans, attendre dans un salon le moment de saluer l'empereur; où la queue du manteau de l'impératrice, le jour de son mariage, fut portée par quatre reines!

CENTRALISATION.

Dans l'ordre civil, l'obéissance et la hiérarchie s'établissaient vigoureusement et comme sans obstacle. Le consulat fut l'ère de la restauration sociale : Napoléon travaillait à refaire l'œuvre de Colbert et de d'Argenson; il organisait l'administration et la police. La loi du 28 pluviôse an VIII avait institué les pré-

fectures, les sous-préfectures ; en un mot, la
centralisation absolue et compacte qui nous
régit encore. Ces services fonctionnaient avec
régularité et vigueur : dans chaque département, un conseil général, choisi par le gouvernement lui-même, avait mission de représenter
les intérêts locaux auprès du préfet : c'était
l'administration élisant ceux qui étaient chargés
de la contrôler ; système commode, contre lequel
personne ne protestait, tant le besoin de l'ordre
imposait silence à la liberté et aux principes.
Chaque maire relevait du pouvoir central, et
non de la commune ; il était moins un magis-
trat qu'un commissaire, qu'un agent du consul
ou du préfet ; le garde champêtre servait
d'instrument au maire, et de cet humble officier
de police jusqu'au souverain, tous les autres
ressorts de la hiérarchie se reliaient les uns aux
autres, comme les indissolubles anneaux d'une
grande chaîne. Ainsi un ordre émané de l'empereur descendait avec une incroyable rapidité du
souverain aux préfets, des préfets aux sous-
préfets, de ceux-ci aux maires, et de ceux-ci
aux plus obscurs agents ; ainsi l'immense
Empire français se trouvait, en quelque sorte,
synthétiquement enveloppé, comme un monde,
sous les yeux et sous la main de Napoléon ;
combinaison d'une simplicité admirable et qui

pouvait fournir aux gouvernants, en temps de guerre, de merveilleuses ressources; mais en temps de paix, ce régime absorbant devait entraîner de graves inconvénients. Peut-être est-il vrai de dire que, pour Napoléon, l'excès de centralisation ne fut point un système définitif et pour toujours arrêté, mais seulement un moyen momentané de gouverner et d'organiser.

CONSEIL D'ÉTAT.

Un seul corps politique, institué par la constitution de l'an VIII, avait conservé une organisation puissante et justement respectée, c'était le conseil d'État. Cette réunion, composée des hommes qui avaient le plus marqué dans les diverses assemblées législatives, dans la magistrature et l'administration, garda le privilége d'élaborer les lois et les grands décrets impériaux. Napoléon, chaque fois que les circonstances le lui permettaient, présidait ce conseil et prenait part à ses délibérations. Le conseil d'État était non-seulement un corps politique, mais chacun des membres qui le composaient pouvait être revêtu d'une autorité spéciale. L'empereur envoyait les conseillers d'État en mission dans les provinces les plus

reculées; les instructions qu'il leur donnait
étaient vastes, et pour ainsi dire sans limites :
ils devaient examiner toutes les branches du
service, constater l'état des caisses des hauts
employés des finances, s'entendre avec les généraux et les inspecteurs aux revues pour le
service militaire, avec tous les agents principaux des perceptions directes ou indirectes
pour les revenus de l'État; enfin avec les préfets et les ingénieurs des ponts et chaussées,
pour apprécier les réparations urgentes qu'exigeaient les routes et les canaux, les besoins et
les améliorations que réclamaient les localités
départementales. Ces conseillers en mission
devaient également interroger sur la politique
du gouvernement l'opinion des contrées qu'ils
visitaient, de telle sorte que, de leurs observa-
tions rapprochées et comparées, il résultât pour
l'empereur un ensemble de documents qui lui
montrassent la France tout entière, tant sous
les rapports politiques et moraux que sous
le point de vue matériel de l'administration.
L'institution du conseil d'État avait été en
quelque sorte glissée dans les mœurs et dans
les lois. Dans l'origine, cette assemblée devait
avoir pour seule attribution de résoudre les difficultés administratives; mais, peu à peu, elle
fut investie de soins, de contrôles divers qui

accrurent son importance à mesure que se développait au-dessus d'elle la dictature impériale. Ainsi le conseil d'État devint compétent en matière de contributions, de travaux publics; il fut chargé de juger les conflits, les appels comme d'abus, les atteintes à la liberté des cultes; de lui relevèrent la police du roulage, la navigation intérieure, les contestations sur les biens communaux, les contraventions relatives à la voirie, les affaires de haute police administrative, la comptabilité nationale et les décisions du conseil des prises. On lui donna prépondérance sur les décisions des évêques, sur l'université, sur les dotations de la couronne. C'est dans le sein du conseil d'État que furent agitées toutes les grandes questions d'ordre intérieur et d'administration publique. On y préparait, par une discussion grave et patiente, les codes de l'Empire. C'est à la suite de discussions savantes et approfondies que les lois arrivaient au Corps législatif. Cette assemblée, érigée en grand jury, les consacrait ou les repoussait par un vote silencieux.

CODES.

Comme législateur, Napoléon n'inventa point, mais coordonna les règles du droit civil et du droit criminel. Au Code publié sous le consulat, et qui contenait des dispositions relatives à la personne, à la famille et à la propriété, d'autres codes succédèrent sous l'Empire : ce furent le Code de commerce, dont l'expérience a démontré les défectuosités, mais qui n'en est pas moins, sous de nombreux rapports, un modèle de clarté et de précision ; le Code de procédure civile, qui sans doute a laissé subsister dans nos coutumes une série de formalités gênantes et fiscales dont la chicane profite seule au détriment des parties en litige ; le Code d'instruction criminelle, qui, profondément modifié de nos jours, établissait alors des juridictions exceptionnelles ; le Code pénal, enfin, assemblage de dispositions rigoureuses, qui a depuis lors été l'objet d'une révision attentive, dont les auteurs ont peut-être cependant dépassé le but.

CONCORDAT.

Non moins que les lois civiles, les questions religieuses, si graves et si importantes pour la morale publique, préoccupaient le chef de l'État.

Le 15 juillet 1801 intervient une convention entre le pape Pie VII et le gouvernement fran-

çais, par laquelle il est déclaré que le culte de
la religion catholique, apostolique et romaine
sera public en France; qu'il sera fait une nouvelle circonscription de diocèses ; que les évêques et archevêques seront nommés par le
premier consul, et institués canoniquement par
le pape.

INSTRUCTION PUBLIQUE.

La famille se reconstituait à peine; elle n'a-
vait point encore puisé dans le retour à la religion cette moralité dont, par suite des crises
sociales, elle s'était vue peu à peu dépouiller :
une concession trop absolue faite à la famille,
dans la question de l'enseignement, aurait été
prématurée ou funeste : l'appel aux corpora-
tions religieuses n'était guère plus réalisa-
ble. Deux ans de réaction contre l'impiété ou
l'anarchie n'avaient pas suffi pour préparer les
mœurs à un pareil retour vers le passé, et les
gouvernements sages ne se brisent pas contre
l'impossible. Il était donc, avant tout, nécessaire de sortir du chaos, de rassembler les
éléments d'un travail futur, de rétablir l'ordre,
la moralité, l'unité. A l'issue d'une période de
perturbation et d'anarchie, le principe de li-

berté est contraint de fléchir devant le principe
d'ordre. C'est au moment précis où l'ordre a
repris un empire ·suffisant qu'on aperçoit
mieux tout ce qu'il y a de juste et de légitime dans la liberté ; on lui accorde alors sans
danger la satisfaction nécessaire.

Dans le système du premier consul, l'instruction devait être désormais donnée : 1º dans
les écoles primaires établies par les communes ;
2º dans les écoles secondaires établies par des
communes, ou tenues par des maîtres particuliers ; 3º dans des lycées ou écoles spéciales
entretenues aux frais du trésor public.

INSTRUCTION SUPÉRIEURE.

Indépendamment de ces écoles, le projet de
loi instituait ou maintenait des écoles spéciales
destinées à garantir le dernier degré d'instruction. Le gouvernement se proposait d'établir dix
écoles de droit, d'instituer trois nouvelles écoles de médecine, et de fonder successivement :
quatre écoles d'histoire naturelle, de physique
et de chimie ; deux écoles spéciales d'arts mé-
caniques ; une école de mathématiques trans-
cendantes ; une école spéciale de géographie,
d'histoire et d'économie publique ; une qua-

trième école des arts du dessin ; enfin une école
spéciale militaire, où l'on enseignerait les éléments de l'art de la guerre à une portion des
élèves sortis des lycées. Les circonstances et
la durée de l'Empire ne permirent pas de réali-
ser tous ces projets.

ÉCOLES.

La Convention avait décrété des écoles de
médecine, une École normale, l'École polytechnique, deux écoles d'économie rurale, et, sous
le titre d'écoles des services publics, un enseignement complet pour l'artillerie, le génie, les
ponts et chaussées, les mines, la géographie,
la navigation ; elle avait établi dans chaque département une école centrale. Mais la plupart
de ces établissements à peine installés, mal régis, avaient besoin d'une réorganisation puissante; Napoléon, entouré de toutes les illustrations du pays, auxquelles les idées remuées
par la révolution avaient donné un essor jusqu'alors inconnu dans les sciences et dans
les arts, avait à cœur d'organiser l'éducation publique sur un plan plus moral et plus
rationnel.

IMPOTS.

La perception de l'impôt s'opérait avec régularité, mais le revenu public ne cessait point d'être inférieur aux charges de l'État. Napoléon eut recours à l'emprunt, à l'aliénation d'une portion considérable du domaine national.

La ressource des impositions indirectes se présenta des premières à cet esprit vaste et puissant, qui ne comprit pas cependant que l'égalité absolue, incontestable en principe devant la loi, devrait être proportionnelle et progressive devant l'impôt. Quoi qu'il en soit, on mit en régie le sel, le tabac, les boissons, les principaux objets de consommation de la classe ouvrière. Ces perceptions prirent la dénomination de *droits réunis*. Le gouvernement procéda avec une adroite circonspection : la régie ne s'établit que peu à peu ; on usa de précautions et de ménagements, et l'impôt de consommation parut d'abord tolérable. C'était le moment où l'industrie nationale commençait à naître. Le chef de l'État lui prodiguait les encouragements et les secours.

COMMERCE ET INDUSTRIE.

Pour accroître les revenus du fisc, il importait de développer les éléments de la prospérité agricole et industrielle de l'Empire. Des encouragements furent donnés au commerce, à l'agriculture ; on créa des entrepôts à Mayence, à Marseille, à Cologne ; on institua des bourses de commerce dans les grandes villes; on établit des chambres consultatives pour les manufactures et les fabriques, pour les arts et les métiers. Le conseil général du commerce, siégea à Paris; l'École des arts et métiers de Châlons fut établie ; les sciences concoururent au progrès de l'art manufacturier; la chimie et la mécanique furent employées à perfectionner toutes les branches de l'économie industrielle ; des manufactures de coton furent introduites, et leurs produits remplacèrent pour nous les tissus étrangers; cette variété de l'espèce ovine connue sous le nom de mérinos fut élevée et dispersée dans tout l'Empire ; pour se soustraire au blocus dont l'Angleterre frappait nos provenances coloniales, on imagina de suppléer au café par la chicorée, à l'indigo par le pastel, aux soudes

étrangères par des soudes artificielles; la
garance fut substituée à la çochenille, le sucre
de betteraves au sucre exotique ; les soieries
de Lyon, de Tours, de Turin furent protégées ;
des prix élevés encouragèrent toutes les inven-
tions utiles. Rien ne fut négligé, pour que
l'exposition périodique des produits de l'industrie française reçût les développements les
plus rapides : Napoléon voulut, dit-on, en faire
une foire, une *grande foire nationale*. A chaque
exposition Napoléon se faisait rendre compte
des procédés nouveaux, des progrès de tout
genre ; il s'arrêtait pour considérer l'instrument utile employé aux usages vulgaires, mais
susceptible de venir en aide au peuple ; il fé-
licitait l'auteur de cette découverte plus encore
que l'inventeur d'une combinaison bien autrement ingénieuse et savante, lorsque celle-ci ne
s'appliquait qu'aux besoins du luxe. Dans ces
moments, où il se montrait plus admirable que
sur le champ de bataille, Napoléon causait
avec les artistes, avec les fabricants ; il s'ins-
truisait en écoutant leurs réponses ; il encou-
rageait leur dévouement par cela même qu'il
ne voulait pas le laisser inaperçu. Pour que
le travail devînt productif et intelligent, pour
qu'il se dégageât du vice ou des lenteurs de la
routine, il organisa des établissements d'instruc-

tion professionnelle. On donna l'enseignement
à l'ouvrier. Napoléon voulut que Compiègne
devînt une pépinière d'artisans habiles ; par
ses ordres, l'enseignement réservé aux travail-
leurs fut divisé en cinq classes différentes :
l'étude du forgeron, du limeur, de l'ajusteur,
du tourneur de métaux, composèrent la première ; l'étude du fondeur, la seconde ; celle
de la charpente et de la menuiserie, la troisième ; celle du tourneur en bois et du charron,
les deux dernières. Conception vraiment grande
et nationale, qui devait, comme on l'a vu, occuper une place sérieuse dans les conquêtes
futures de l'industrie.

TRAVAUX PUBLICS.

Napoléon aimait les grands monuments et les
travaux gigantesques. Son imagination orientale
s'était encore exaltée au spectacle des pyramides ; il eût désiré, comme les Pharaons,
laisser aux siècles à venir de pareils témoignages
de sa puissance. Sa pensée enfantait sans
relâche des fondations et des édifices dont l'ac-
complissement dépassait souvent la limite du
possible. Heureux si la guerre n'eût point
absorbé les plus précieuses ressources de son

génie, il eût certainement renouvelé la face de
la France ! Il avait relevé les ruines de Lyon,
et construit à Anvers de formidables arsenaux
maritimes ; l'immense digue de Cherbourg
avait été réparée et continuée, et ce même
point de nos côtes avait vu creuser, dans le roc
vif, un large bassin capable d'abriter de grandes
flottes : Boulogne, Wimereux, Ambleteuse,
Étaples, le Havre, Dieppe, Calais, Gravelines,
Dunkerque et d'autres ports avaient reçu de
notables embellissements ; les arsenaux de la
Meuse, ceux de Rotterdam et d'Helvoetsluys
furent réparés à leur tour ; la navigation du
Zuyderzée et le port d'Amsterdam eurent leur
part de ces ameliorations créatrices ; de grands
travaux furent commencés aux embouchures
du Weser, de l'Ems et de l'Elbe ; un arsenal
maritime fut construit à Gênes ; le port de
Venise et celui de la Spezzia furent fortifiés et
agrandis ; Corfou, grâce à de pareils ouvrages,
devint pour nous la clef de la Grèce ; le dessè-
chement des marais Pontins fut projeté et
entrepris ; 34 millions furent dépensés pour les
ponts et chaussées, 54 pour les canaux, 14 pour
les desséchements, 277 pour les routes de
Paris à Mayence, à Amsterdam, à Hambourg,
à Bayonne, pour les entreprises gigantesques
du mont Genèvre et de la Corniche ; plus de

8

100 millions furent appliqués à des travaux d'utilité publique ; des ponts furent jetés sur la Sesia, sur la Scrivia, sur la Saône, sur la Loire, sur le Pô ; les digues de l'Escaut et du Pô furent réparées ; le canal de Saint-Quentin acheva de réunir le Rhône à l'Escaut, Anvers à Marseille ; le canal de Mons à Condé assura un débouché aux houillères du département de Jemmapes ; les canaux du Rhône au Rhin, de la Saône à la Loire furent continués à grands frais. Chaque partie de l'Empire ressentit l'influence de ce génie réparateur ; Bordeaux, Bayonne, Turin, Ajaccio, Alexandrie, Milan, Aix-la-Chapelle, Bruges, Ostende, Brest, Orléans et beaucoup d'autres cités lui durent un développement nouveau, des embellissements, des créations utiles. Au milieu des sables du Poitou, et sur le théâtre de cette Vendée pacifiée, on vit s'élever la ville qui porte son nom. Partout où il passait, on le voyait jeter des ponts, ouvrir des routes, percer le flanc des montagnes et abaisser les barrières que la nature a mises entre les nations ; et pendant que le Rhin, le Weser et l'Elbe, devenus fleuves français, nous rattachaient par tous les points le Nord et l'Allemagne, la France et l'Italie, comme deux sœurs, étendaient d'un pays à l'autre des mains amies qui se rencon-

traient dans les Alpes, sur les sommets du mont Cenis et du Simplon. Voilà par quels travaux, par quelles puissantes traces, Napoléon voulut perpétuer sa mémoire dans l'esprit des peuples.

FINANCES, PROPRIÉTÉ, ETC.

L'empereur, obéissant à une pensée de régularité et d'ordre, avait su établir un système fiscal fort simple. Le ministre du trésor concentrait toutes les ressources et contrôlait toutes les dépenses de l'Empire. L'économie fut introduite dans toutes les branches du service. Les forêts et les douanes, précédemment régies par les administrations collectives, furent soumises à des directions générales. Le même régime fut appliqué à l'enregistrement. Le crédit public commença à revivre; la banque de France fut créée et favorisée; une loi imposa aux receveurs généraux et particuliers, aux agents de change et aux notaires l'obligation de fournir des cautionnements; la caisse d'amortissement fut fondée; le droit de taxe et de passe sur les routes fut supprimé et remplacé par l'établissement d'octrois municipaux; la propriété foncière fut puissamment

favorisée. Les changements politiques survenus
depuis 1789 ayant créé environ dix millions
de propriétaires territoriaux, il était indispen-
sable d'assurer leurs droits et de fortifier leurs
garanties; Napoléon fit commencer l'impor-
tante opération du cadastre, qui se poursuit
encore ; il régla la propriété des mines et créa
pour ce service un corps d'ingénieurs. Comme
il attachait une grande gloire à l'extinction de
la mendicité, il créa de nombreux dépôts des-
tinés à servir de refuge aux pauvres ; il institua
la Société maternelle, reconnut l'institution des
sœurs de charité, et rendit aux hospices les
biens que la République leur avait enlevés. Six
maisons destinées à recevoir les orphelines de
la Légion d'honneur furent successivement
établies, et de nouvelles succursales furent
ajoutées à l'hôtel des Invalides; l'agriculture
fut constamment améliorée et encouragée; une
chaire d'économie rurale fut créée à l'école
d'Alfort; mais la guerre, en arrachant l'élite de
la population à la charrue, paralysait ces loua-
bles intentions.

LITTÉRATURE, SCIENCES ET ARTS.

La part intellectuelle de l'Empire peut se résumer ainsi : pendant que l'illustre Cuvier

trouvait son immortel système, pendant que,
dans les diverses branches des sciences, Carnot,
Monge, Lagrange, Laplace, Delambre, Lalande,
Chaptal, Biot, Berthollet, Vauquelin, Haüy,
Gay-Lussac, Thénard, Portal, Bichat, de Sacy,
de Jussieu, Lamark, Lacépède, Geoffroy Saint-
Hilaire, Millin, Gail, Malte-Brun et tant
d'autres savants, dont l'énumération serait
trop longue, reculaient par leurs investiga-
tions et leurs travaux les limites des connaissances humaines; pendant que David, Gros,
Girodet, Houdon, Chaudet, Lemot, Visconti
ajoutaient aux titres déjà glorieux de la pein-
ture et de la statuaire françaises; que Chéru-
bini, Grétry, Méhul, Gossec, Dalayrac et d'autres artistes multipliaient en quelque sorte la
puissance de l'harmonie musicale, la littérature contribuait, mais pour une faible part,
à étendre au dehors le nom et la popularité
de la France. Bien que le bruit des armes cou-
vrît à cette époque les chants des poëtes,
on vit néanmoins à côté de Delille et de Ducis,
légués par le XVIIIe siècle, saillir les noms de
Legouvé, d'Esménard, de Berchoux, de Chê-
nedollé, de Baour-Lormian, de Campenon, de
Laya, de Lebrun, de Chénier, d'Andrieux, de
Millevoye, de Michaud, de Luce de Lancival,
de Raynouard, de Népomucène Lemercier, etc.;

les prosateurs forment une cohorte trop nombreuse pour qu'il nous soit possible de les passer en revue : citons à la hâte l'auteur de *Paul et Virginie*, Bernardin-de-Saint-Pierre ; les deux Lacretelle, le cardinal Maury, l'abbé de Frayssinous, Suard, publiciste distingué ; Rœderer, Sieyès, Merlin, Maret, Bigot de Préameneu, Cambacérès, Portalis, Lanjuinais ; Regnault de Saint-Jean-d'Angely, dont les titres à L'Académie prenaient leur origine dans les travaux du publiciste ou de l'homme d'État ; Daru, historien érudit ; Volney et Dupuis, héritiers de l'école encyclopédique, etc. En résumé, l'Empire fut une ère de force et non de développement littéraire ; la séve du siècle était détournée vers la guerre, et, en dépit de la surexcitation immense que causèrent vingt années de triomphes ou de revers, la littérature demeura froide et les arts languirent dans les ornières battues, comme s'ils eussent manqué d'air et de soleil ; les sciences seules brillèrent du plus vif éclat.

DÉCOUVERTES UTILES.

Pendant que Berthollet enrichissait l'industrie de ses découvertes en chimie, que Monge

inventait la géométrie descriptive, que Lagrange publiait sa célèbre méthode des varia-
tions, que Gay-Lussac, de concert avec Hum-
boldt, déterminait la position de l'équateur
magnétique, et vulgarisait avec Thénard, dans
les *Annales de Chimie,* ses brillantes recher-
ches sur la pile voltaïque, Brongniart faisait
faire d'immenses progrès à la minéralogie, à
la géologie et à l'histoire naturelle; les frères
de Girard établissaient les machines à tisser
le lin et la lampe qui porte leur nom; Jacquard,
l'ouvrier lyonnais, décoré de la main de Napoléon, inventait le système qui, de nos jours
encore, rend de si précieux services aux in-
dustries textiles; Ternaux importait en France
ces cachemires qui peuvent rivaliser avec les
produits de l'Inde; Richard-Lenoir [1] filait le
coton à la mécanique, et dignement encouragé
par Napoléon naturalisait chez nous les mull-
jennys et donnait de sages avis sur les questions douanières; Oberkampf fondait la manu-
facture de toiles peintes de Jouy, qui contenait
en germe la prospérité future de l'Alsace;
Achard, né Prussien, cultivait la betterave, destinée à fournir plus tard le sucre et l'alcool;

---

1. La veuve de Richard-Lenoir vit encore. Elle a été
récemment l'objet de la sollicitude de Napoléon III.

enfin Parmentier, déjà vieux, et dont le nom,
cher au peuple, sera immortel, lors même que
la pomme de terre conserverait son vieux
nom, Parmentier était appelé par Napoléon à
la direction du conseil supérieur de salubrité,
quelques années après la publication de son
traité des végétaux alimentaires ; enfin Raoul,
l'inventeur trop peu connu des limes qui riva-
lisent glorieusement avec celles de l'Angleterre, recevait un soir la visite et les observa-
tions éclairées d'un inconnu qui, le lendemain,
signait de sa main impériale un brevet de la
Légion d'honneur et lui envoyait 100,000 francs
à titre d'encouragement.

EMBELLISSEMENTS DE PARIS.

Napoléon aimait Paris : cette capitale était,
à ses yeux, comme un vaste monument sym-
bolique, destiné à transmettre aux générations
futures le nom de quiconque aurait ajouté à la
grandeur de l'ensemble. Paris manquait d'eau
circulant dans ses divers quartiers ; de halles,
de marchés, de moyens d'ordre et de police pour
les principaux besoins de sa consommation. Sous
Napoléon, on creusa le canal de l'Ourcq, qui
conduit à Paris les eaux de trois rivières ; — on

éleva des halles ; — on construisit des abattoirs ;
— on assainit les rues et les places publiques ;
— les églises de Sainte-Geneviève et de Saint-
Denis, le palais de l'archevêché et la métropole
furent restaurés ; — de vastes quais furent, pour
ainsi dire, tracés, sinon étendus sur les deux
rives de la Seine ; — on prit soin de bâtir des gre-
niers d'abondance et de réserve ; — on ouvrit de
nouveaux musées pour renfermer les dépouilles
artistiques enlevées aux nations vaincues, tro-
phées que la victoire devait plus tard nous ra-
vir ; — époque d'impérissable souvenir où Paris
se peuplait de chefs-d'œuvre, où des rues en-
tières, les plus belles dont la capitale puisse
s'enorgueillir, naissaient comme par enchantement ; les palais, les lycées, les marchés rem-
plaçaient partout des établissements incom-
modes ou insalubres ; la Seine se couvrait de
ponts hardis ; on commençait les travaux de
l'Arc de Triomphe et de l'église de la Made-
leine ; — on creusait les fondations de la Bourse ;
— on construisait des prisons ; — la flèche des
Invalides reparaissait brillante d'or comme sous
le règne du grand roi ; — on tentait de déblayer
l'immense vide du Carrousel ; — on commençait
la restauration du Louvre, des Tuileries, de
Versailles, de Saint-Denis, de Fontainebleau,
de Compiègne, de toutes les vieilles résidences

royales; — sur la place Vendôme, une colonne de bronze, digne rivale de la colonne Trajane, portait dans les nues la statue de l'empereur et déroulait en spirale l'histoire de la campagne d'Austerlitz, gravée en caractères ineffaçables, écrite en relief avec l'airain conquis sur les ennemis de la France.

RÉSUMÉ

Les limites du cadre qui nous est assigné nous ont fait réduire à ces proportions un exposé que nous eussions pu facilement étendre. Qu'il nous suffise maintenant de résumer brièvement la carrière du grand empereur, en empruntant à lui-même un jugement que, sur plus d'un point, notre époque a ratifié. Le verdict impartial, c'est la postérité qui le rendra :

« J'ai refermé le gouffre anarchique et dé-
« brouillé le chaos. J'ai réfréné la révolution,
« ennobli les peuples et raffermi les rois. J'ai
« excité toutes les émulations, récompensé
« tous les mérites et reculé les limites de la
« gloire. Tout cela est bien quelque chose. Et
« puis, sur quoi pourrait-on m'attaquer qu'un
« historien ne puisse me défendre? Seraient-
« ce mes intentions? mais il est en fonds pour
« m'absoudre. Mon despotisme? mais il dé-

« montrera que la dictature était de toute né-
« cessité. Dira-t-on que j'ai gêné la liberté?
« mais il prouvera que la licence, l'anarchie,
« les grands désordres étaient encore au seuil
« de la porte. M'accusera-t-on d'avoir trop
« aimé la guerre? mais il montrera que j'ai
« toujours été attaqué. D'avoir voulu la mo-
« narchie universelle? mais il fera voir qu'elle
« ne fut que l'œuvre fortuite des circonstances,
« que ce furent nos ennemis eux-mêmes qui
« m'y conduisirent pas à pas. Enfin, sera-ce
« mon ambition? ah! sans doute, il m'en trou-
« vera et beaucoup; mais de la plus grande
« et de la plus haute qui fût peut-être jamais!
« celle d'établir, de consacrer enfin l'empire
« de la raison, et le plein exercice, l'entière
« jouissance de toutes les facultés humaines...
« En bien peu de mots, voilà pourtant toute
« mon histoire! »

(*Napoléon à Sainte-Hélène.*)

TROISIÈME PARTIE

SON TOMBEAU. — SA MÉMOIRE

Le 21 mai 1840, M. de Rémusat, ministre de l'intérieur, montait à la tribune de la Chambre des députés et s'exprimait en ces termes :

« Messieurs, le roi a ordonné à S. A. R. monseigneur le prince de Joinville de se ren-

dre, avec sa frégate, à l'île de Sainte-Hélène,
pour y recueillir les restes mortels de l'empereur Napoléon.

« Nous venons vous demander les moyens
de les recevoir dignement sur la terre de
France, et d'élever à Napoléon son dernier
tombeau.

« Il fut empereur et roi, il fut souverain
légitime de notre pays. A ce titre, il pourrait
être inhumé à Saint-Denis; mais il ne faut pas
à Napoléon la sépulture ordinaire des rois. Il
faut qu'il règne et commande encore dans l'enceinte où vont se reposer les soldats de la patrie
et où iront toujours s'inspirer ceux qui seront
appelés à la défendre. »

Les Chambres répondirent à la pensée du
gouvernement en votant un crédit provisoire
d'un million. En témoignage de la haute importance que l'on attachait à cette mission, ce
fut à l'un des fils du roi que l'on donna le
commandement de l'expédition qui devait se
rendre à Sainte-Hélène pour y recueillir les
restes mortels de l'empereur Napoléon. Le
prince de Joinville quitta Paris le 2 juillet
1840.

Le 8 octobre, l'expédition mouillait sur la
rade de James-Town. Le gouvernement anglais

voulut se charger de l'exhumation et de toutes
les cérémonies qui devaient avoir lieu sur le
territoire britannique. Le commandant français
régla les honneurs à rendre, dans les journées
du 15 et du 16, par la division placée sous ses
ordres.

Le 15 octobre, à minuit, l'opération de
l'exhumation était commencée en présence des
commissaires anglais et français. A dix heures
du matin, le cercueil était à découvert dans la
fosse. Après l'en avoir retiré intact, on procéda à son ouverture, et le corps fut trouvé
dans un état de conservation inespéré.

Le 30 novembre, le bruit se répandit que la
frégate avait mouillé à Cherbourg, rapportant
les précieuses dépouilles enlevées à l'exil.
L'artillerie des remparts, à laquelle répondaient
au loin le fort Royal, le fort du Hommet et le
fort de Querqueville, saluèrent de mille coups
de canon son entrée dans le grand bassin du
port.

La Belle-Poule avait mis quarante-trois jours
pour revenir de Sainte-Hélène.

Le cercueil était en bois d'ébène massif. Sur
la plate-forme on lisait pour toute inscription,
en lettres d'or :

NAPOLÉON.

Le précieux dépôt s'éloigna de Cherbourg le 8 décembre, dans la soirée, après avoir été transbordé sur le bateau à vapeur *la Normandie*, qui avait été disposé pour le recevoir.

Pendant la traversée, le cercueil, placé au milieu du gaillard d'arrière du bâtiment était recouvert du manteau impérial. Abrité par un dôme plat que soutenaient douze colonnes, destiné à le protéger contre la pluie et l'humidité, il était entouré d'ifs chargés de bougies, de lampes, de cassolettes. Au pied du mât d'artimon était placé un autel recouvert en velours noir brodé d'argent. Le 14 au soir, l'expédition prenait sa dernière station au débarcadère de Courbevoie, près du pont de Neuilly.

Le corps était déposé sous une tente funèbre; le lendemain, on le plaça sur un char magnifique, dont le dessin et la construction avaient été confiés aux talents réunis des artistes les plus habiles.

La journée du 15 décembre 1840 est une de celles qui ont laissé les plus grands, les plus profonds souvenirs. Paris a vu bien des fêtes; mais jamais aucune ne pourra être comparée à ces honneurs funèbres rendus par les Français à celui qui avait élevé si haut la gloire nationale.

Sur le couronnement de cet arc de triomphe, dont la première pierre avait été posée par l'empereur, planait la représentation colossale de son apothéose, qui sera sans doute réalisée quelque jour pour compléter la décoration de ce monument gigantesque.

Le canon retentissait de toutes parts, les cloches de toutes les églises sonnaient à grandes volées, les musiques militaires faisaient retentir leurs fanfares, l'immense voix de la foule éclatait en cris d'enthousiasme. Ce fut au milieu de ces témoignages de respect, d'admiration, de dévouement, de reconnaissance, que le cercueil, après avoir traversé la longue haie de troupes présentant les armes au grand empereur, atteignit la grille de l'hôtel des Invalides.

La décoration de l'hôtel, qui commençait à l'esplanade, était continuée à l'intérieur avec une magnificence inouïe. Du milieu du temple s'élevait un immense catafalque surmonté d'un aigle d'or aux ailes déployées, sous lequel trente-six sous-officiers, choisis dans la garde nationale et dans l'armée, déposèrent le cercueil que les marins de *la Belle-Poule* n'avaient quitté qu'à l'entrée de l'église.

Au milieu du plus profond silence, le prince

9

de Joinville, s'approchant de Louis-Philippe, dit avec une noble simplicité : « Sire, je vous remets les restes mortels de l'empereur Napoléon. »

Le roi répondit : « Je les reçois au nom de la France. »

Aussitôt après la cérémonie funèbre, le cercueil fut déposé provisoirement dans une des chapelles latérales du dôme. — Aujourd'hui, c'est au centre même du splendide monument qu'est placé le tombeau de l'empereur, dans une crypte dont la majesté sévère est digne de sa haute destination.

La porte de bronze qui donne entrée dans la crypte est d'un aspect imposant et sévère. Au-dessus, sur une tablette de marbre noir, on lit cette inscription en lettres de bronze :

Je désire

que mes cendres reposent sur les bords de la Seine au milieu du peuple français que j'ai tant aimé.

Le sol de la crypte est entièrement recouvert de marbre de couleur. Une immense étoile d'un jaune d'or, à travers les rayons de laquelle court une couronne de chêne en mosaïque, y a été incrustée. Dans les intervalles, on lit ces noms immortels :

Rivoli, — Pyramides, — Marengo, — Austerlitz, — Iéna, Friedland, — Wagram, — Moskowa.

La couronne brille d'un vif éclat sur le sombre feuillage de chêne qui l'enveloppe, et fait ressortir la couleur rouge foncée du monolithe.

Cette masse énorme est d'une majestueuse simplicité.

Le cercueil a quatre mètres de long sur deux de large, et quatre mètres cinquante centimètres de hauteur. Il est formé de quatre blocs : le couvercle, la cuve et deux supports. Il est posé sur un socle de granit vert des Vosges.

Les cendres de Napoléon, précieuses reliques pour la France, reposent donc sous le dôme des Invalides.

Ainsi se sont réalisés à la fois les dernières volontés du grand homme et les vœux du pays.

NÉCROLOGIE

Joseph, frère aîné de Napoléon, né à Ajaccio en 1768, roi de Naples en 1807, d'Espagne en 1808, meurt en 1844.

Lucien, deuxième frère de Napoléon, né à Ajaccio en 1775, fut créé prince de Canino par le pape en 1815, meurt à Rome en 1840.

Louis, troisième frère de Napoléon, né à Ajaccio en 1778, marié à Hortense Beauharnais, fille de l'impératrice Joséphine, et père de Napoléon III. Devenu roi de Hollande en 1806, il abdiqua en 1809, et ne voulut pas rentrer en France pendant les Cent Jours. Il mourut en Toscane en 1846.

Jérôme, dernier frère de Napoléon, né à Ajaccio en 1784, roi de Westphalie, meurt à Paris le 24 juin 1860.

Napoléon eut trois sœurs : ÉLISA, grande-duchesse de Toscane, morte en 1820; — CAROLINE, qui épousa Murat, roi de Naples, morte en 1838; — et PAULINE, princesse Borghèse, morte en 1825.

QUATRIÈME PARTIE

PENSÉES DE NAPOLÉON Iᵉʳ

Après avoir considéré Napoléon Iᵉʳ comme
guerrier et comme législateur, nous avons fait
suivre ses funérailles, parce que là commença
pour lui la postérité, par conséquent la justice.
Pour terminer, nous grouperons, en quelques

pages, diverses pensées de Napoléon Ier et de Napoléon III, parce que, dans ces pensées formées, pour ainsi dire, sur le même type et sorties du même moule, se révèlent le mouvement et la marche que l'un et l'autre impriment aux idées qui leur appartiennent, et dont le double mérite est de se présenter, non point comme les produits de déductions laborieuses, mais avec le cachet de l'intuition la plus pure, et d'apparaître immédiatement dans la plénitude de leur force et de leur autorité en s'incarnant dans les faits.

Voici ces pensées, auxquelles nous n'avons pas voulu chercher à donner aucun ordre logique :

Sur l'Histoire.

Il faut en convenir, les *véritables vérités* sont bien difficiles à obtenir pour l'histoire. Heureusement que la plupart du temps elles sont bien plutôt un objet de curiosité que de réelle importance. Il est tant de vérités! Cette vérité historique, tant implorée, à laquelle chacun s'empresse d'en appeler, n'est trop souvent qu'un mot; elle est impossible au moment même des événements, dans la chaleur des passions croisées; et, si plus tard on demeure d'accord, c'est que les intéressés, les contradicteurs ne sont plus. Mais qu'est alors cette vérité historique, la plupart du temps? Une fable convenue, ainsi qu'on l'a dit fort ingénieusement. Dans toutes ces affaires, il est deux portions essentielles fort distinctes : les faits matériels et les intentions morales. Les faits matériels sembleraient devoir être incontroversables, et pourtant, voyez s'il est deux relations qui se ressemblent; il en est qui demeurent des procès éternels. Quant aux intentions morales, le moyen de s'y retrouver, en supposant même de la bonne foi dans les narrateurs? Et que sera-ce s'ils sont mus par la mauvaise foi, l'intérêt ou la passion? J'ai donné un ordre; mais qui a pu lire le fond de ma pensée, ma véritable intention? Et pourtant, chacun va se saisir de cet ordre, le mesurer à son échelle, le plier à son plan, à son système individuel. Voyez les diverses couleurs que va lui donner l'intrigant dont il gêne ou peut au contraire servir l'intrigue, la torsion qu'il va lui faire subir. Il en sera de même de l'important, à qui les ministres ou le souverain auront confidentiellement laissé échapper quelque chose sur le sujet; il en sera de même des nombreux oisifs du palais, qui, n'ayant rien de mieux à faire que d'écouter

aux portes, inventent faute d'avoir entendu.
Et chacun sera si sûr de ce qu'il racontera!
Et les rangs inférieurs qui le tiendront de ces
bouches privilégiées en seront si sûrs à leur
tour! Et alors les mémoires, et les agendas,
et les bons mots, et les anecdotes de salon
d'aller leur train! Voilà pourtant l'histoire!

Sur la Révolution française.

La révolution française fut un mouvement
général de la masse de la nation contre la
classe privilégiée. Les nobles occupaient toutes
les places de la haute et basse justice, et jouis-
saient encore de plusieurs droits féodaux sous
diverses formes; ils étaient exempts de supporter les charges de l'État, et en avaient tous
les avantages par la possession exclusive de
tous les emplois honorables et lucratifs. Le
principal but de la révolution a été d'abolir
ces priviléges, de faire disparaître ces abus, de
détruire ce qui restait encore de l'ancien édifice féodal, de briser les derniers chaînons de
l'esclavage du peuple, et d'assujettir également
tous les citoyens à supporter les dépenses de
l'État. Elle a établi l'égalité des droits. Tout
citoyen peut parvenir à tous les emplois, selon

ses talents. Avant la révolution, la France était composée de provinces divisées d'une manière irrégulière, et jamais l'étendue ni la population n'étaient égales entre elles. Ces provinces avaient un grand nombre de lois particulières pour l'administration de la justice civile et criminelle. C'était un assemblage de divers États qui n'étaient point encore amalgamés. La révolution a détruit toutes ces petites nations pour en former une nouvelle. Elle a créé une France dont la division de territoire est homogène; elle a rendu les lois civiles et criminelles les mêmes dans tous les lieux, et a assujetti la France entière aux mêmes règlements et aux mêmes taxes. Par elle ont été effacées les traces des anciens priviléges des provinces et de leurs anciens parlements. La moitié de ce pays a changé de propriétaires. La France a enfin présenté le spectacle de trente millions d'habitants circonscrits dans leurs limites naturelles, composés d'une seule classe de citoyens et gouvernés par les mêmes lois, par les mêmes règlements et par le même ordre de choses.

Pensées sur divers sujets.

Toutes les institutions ici-bas ont deux faces : celle de leurs avantages et celle de leurs inconvénients ; on peut donc, par exemple, soutenir et combattre la république et la monarchie. Nul doute qu'on ne prouve facilement que toutes deux également sont bonnes et fort bonnes, mais en application ce n'est plus aussi aisé.

.·.

Il n'y a point de despotisme absolu, il n'en est que de relatif ; un homme ne saurait impunément en absorber un autre Si un sultan fait couper des têtes à son caprice, il perd facilement aussi la sienne et de la même façon. Il faut que l'excès se déverse toujours de côté ou d'autre ; ce que l'Océan envahit dans une partie, il le perd ailleurs ; et puis il est des mœurs, certains usages contre lesquels vient se briser toute puissance.

.·.

Les rivalités entre les grandes nations proviennent du défaut de s'entendre.

Le sort d'une grande nation ne peut dépendre de la vie ou de la mort d'un homme ; l'hérédité du trône est un des principes conservateurs des États.

∴

Le souverain du choix de toute une nation sera toujours, aux yeux des peuples, le souverain légitime.

∴

Ce qui distingue spécialement le trône impérial, c'est qu'il est élevé par la nation ; qu'il est, par conséquent, naturel, et qu'il garantit toutes les libertés : c'est là le vrai caractère de la légitimité.

∴

Un roi n'est pas dans la nature, il n'est que dans la civilisation.

∴

La souveraineté réside dans le peuple français, dans ce sens que tout, tout sans exception, doit être fait pour son intérêt, pour son bonheur et pour sa gloire.

.˙.

L'expérience prouve que les armées ne suffisent point toujours pour sauver une nation, tandis qu'une nation défendue par le peuple est toujours invincible.

.˙.

Une constitution doit être faite de manière à ne pas gêner l'action du gouvernement et à ne pas le forcer à la violer.

.˙.

La France est une grande puissance; mais cette puissance, c'est le peuple qui la compose...

.˙.

Il n'y a rien de pis que les honnêtes gens dans les crises politiques, surtout lorsqu'ils ont la conscience fascinée par de fausses idées.

.˙.

C'est à nous, c'est au peuple le plus doux, le

plus éclairé, le plus humain, de rappeler aux
nations civilisées de l'Europe qu'elles ne forment qu'une seule famille, et que les efforts
qu'elles emploient dans leurs dissensions civiles sont des atteintes à la prospérité commune.

Gouverner par un parti, c'est se mettre tôt
ou tard dans sa dépendance.

Dans un État bien administré, le pouvoir
doit avoir sous la main tous les moyens d'action et de répression.

On ne gouverne pas avec de la métaphysi-
que, mais avec le résultat de l'expérience des
siècles.

Un gouvernement doit montrer des vues grandes et des idées généreuses...

Avec de vaines considérations, de petites va-
nités et de petites passions, on ne fait jamais
rien de grand.

.˙.

Le métier de roi n'est plus en ce siècle un
métier d'enfant ; il faut que les mœurs des
rois changent avec les mœurs des peuples :
pour avoir le droit de se servir des peuples, il
faut commencer par les bien servir.

.˙.

La meilleure politique aujourd'hui, c'est la
simplicité et la vérité.

.˙.

Il est beaucoup plus simple, pour le recons-
tructeur d'une nation, de s'occuper de mille de
ses habitants à la fois que de poursuivre le ro-
man du bien-être individuel de chacun.

Chaque commune représente en France mille
habitants. Travailler à la prospérité de trente-
six mille communautés, c'est travailler au bonheur de trente-six millions d'habitants, en
simplifiant la question, en diminuant la diffi-

culté de tout ce qu'établit de différence le rapport de trente-six mille à trente-six millions. C'est ainsi que Henri IV entendait faire, lorsqu'il parlait de sa *poule au pot ;* autrement, il n'eût dit qu'une sottise.

.˙.

Il ne faut ériger en règle que ce qui est conforme à l'intérêt public, et ne permettre que par une exception, dont l'autorité publique sera juge, ce qui ne sert que l'intérêt particulier.

.˙.

Je reconnais la nécessité de multiplier les propriétaires, qui sont les plus fermes appuis de la sûreté et de la tranquillité des États.

.˙.

Il est des règles générales qui sont établies pour l'intérêt de la société, et qu'aucun propriétaire ne peut enfreindre sous le prétexte qu'il a le droit d'user et d'abuser de la chose. Par exemple, je ne souffrirais pas qu'un particulier frappât de stérilité vingt lieues de ter-

rain dans un département fromenteux pour
s'en former un parc. Le droit d'abuser ne va
pas jusqu'à priver le peuple de subsistance.
L'abus de la propriété doit être réprimé toutes
les fois qu'il nuit à la société.

.˙.

Le droit de propriété ne donne à personne la
disposition indéfinie de ses biens, parce que
personne ne peut en user contre les mœurs.

.˙.

L'agriculture est l'âme, la base première de
l'empire.

.˙.

C'est par des comparaisons et des exemples
que l'agriculture, comme tous les autres arts,
se perfectionne. Il faut, dans les départements
qui sont encore arriérés pour la culture, exci-
ter les bons propriétaires à envoyer leurs enfants étudier les méthodes usitées dans les
départements où l'agriculture est florissante,
et on les excitera par des éloges et des distinc-
tions.

Le luxe des riches donne le nécessaire aux
pauvres.

.˙.

Tout mendiant doit être arrêté ; mais l'arrêter pour le mettre en prison serait barbare et
absurde. Il ne faut l'arrêter que pour lui ap-
prendre à gagner sa vie par son travail.

J'attache à la destruction de la mendicité
une grande importance et une grande idée de
gloire.

.˙.

Le commerce est un état honorable ; mais
ses bases essentielles doivent être la prudence
et l'économie. Le négociant ne doit pas gagner
sa fortune comme on gagne une bataille ; il
doit gagner peu et constamment.

.˙.

La guerre va devenir un anachronisme. Si
nous avons livré des batailles sur tout le continent, c'est que deux sociétés étaient en présence, celle qui date de 89 et l'ancien régime ;
elles ne pouvaient subsister ensemble ; la plus

10

jeune a dévoré l'autre. Je sais très-bien qu'au
bout du compte la guerre m'a renversé, moi,
le représentant de la révolution française et
l'instrument de ses principes; mais n'importe!
c'est une bataille perdue pour la civilisation.
La civilisation, croyez-moi, prendra sa revan-
che. Il y a deux systèmes, le passé et l'avenir;
le présent n'est qu'une transition pénible. Qui
doit triompher, selon vous? L'avenir, n'est-ce
pas? Eh bien, l'avenir, c'est l'intelligence, l'industrie et la paix; le passé, c'était la force
brute, les priviléges et l'ignorance; chacune
de nos victoires a été un triomphe des idées de
la révolution plutôt que de ses aigles. Les victoires s'accompliront un jour sans canons et
sans baïonnettes.

∴

Diviser les intérêts d'une nation, c'est les
desservir tous, c'est engendrer la guerre civile.
On ne divise pas ce qui, par nature, est indi-
visible : on le mutile.

∴

Il faut servir dignement le peuple et ne pas

s'occuper de lui plaire ; la belle manière de le gagner, c'est de lui faire du bien.

.˙.

Les remèdes violents accusent le législateur ; car une constitution qui est donnée aux hommes doit être calculée pour des hommes.

.˙.

Quand on veut se mêler de gouverner, il faut savoir payer de sa personne.

.˙.

Le souverain doit gouverner d'après des règles fixes et non d'après ses caprices ; il doit croire tous ses sujets gens de bien, tant qu'ils ne démentent pas cette présomption par leur conduite.

.˙.

En politique comme à la guerre, le momen, perdu ne revient plus.

Ce n'est point au jour la journée que doivent travailler les princes, c'est sur l'avenir qu'il faut jeter les yeux.

.·.

Ce qui est injuste et ingénéreux ne peut jamais être avantageux à une grande nation.

.·.

Tout devient facile à l'influence du pouvoir quand il veut diriger dans le juste, l'honnête et le beau.

.·.

La propriété, les lois civiles, l'amour du pays, la religion, sont les liens de toute espèce de gouvernement.

.·.

Sans justice, il n'y a que des partis, des oppresseurs et des victimes.

.·.

Le premier appui des États, c'est la fidèle exécution des lois.

On ne peut échapper à l'arbitraire du juge qu'en se plaçant sous le despotisme de la loi.

.˙.

Le génie de l'ouvrier doit être de savoir employer les matériaux qu'il a sous la main. Le secret du législateur doit être de savoir tirer parti même des travers de ceux qu'il prétend régir.

.˙.

La bonne administration de la justice et la bonne composition des tribunaux sont dans un État ce qui a le plus d'influence sur la valeur et la conservation des propriétés, et sur les intérêts les plus chers de tous les citoyens.

.˙.

Si les crimes et les délits augmentent, c'est une preuve que la misère s'accroît, que la société est mal gouvernée. Leur diminution est la preuve du contraire.

.˙.

Les juges doivent prononcer comme les jurés,

d'après leur conviction, et sans se livrer au
système de semi-preuves, qui compromet bien
plus souvent l'innocence qu'il ne sert à décou-
vrir le crime. La règle la plus sûre d'un juge
qui a présidé aux débats, c'est la conviction
de sa conscience.

∴

Le nom d'humanité ne convient pas à cette
molle indulgence qui, en sauvant les coupables, expose les hommes de bien à leurs at-
tentats.

∴

Les hommes sont impuissants pour fixer les
destinées des nations; ce n'est que par des
institutions sages que leur prospérité peut être
établie sur des bases solides.

∴

Qu'est-ce que le gouvernement? Rien, s'il
n'a pas l'opinion.

∴

Pour que l'opinion soit bien dirigée, il faut

que le gouvernement lui donne l'impulsion, et
que cette impulsion soit partout la même.

∴

Je respecterai les jugements de l'opinion publique quand ils seront légitimes ; mais elle a
des caprices qu'il faut savoir mépriser. C'est
au gouvernement et à ceux qui en font partie
de l'éclairer, non de la suivre dans ses écarts.

∴

L'opinion publique est le thermomètre que
doit sans cesse consulter un souverain.

∴

La liberté ou la limitation de la presse est
une question interminable et qui n'admet point
de demi-mesure. Ce n'est pas le principe en
lui-même qui apporte la grande difficulté,
mais bien les circonstances sur lesquelles on
aura à faire l'application de ce principe pris
dans le sens abstrait.

∴

Malgré notre orgueil, nos mille et une bro-

churcs, nos harangues à perte de vue et très-
bavardes, nous sommes très-ignorants dans la
science politique morale.

.˙.

La chute des empires, comme celle des corps
graves, s'accélère par son poids, et les derniers
coups abattent vite.

.˙.

Si un gouvernement trop fort a des inconvénients, un gouvernement faible en a bien davantage.

.˙.

Un souverain faible est une calamité pour
ses peuples. S'il laisse croire aux méchants et
aux traîtres qu'il ne sait point punir, il n'y a
plus de sûreté pour l'État ni pour les citoyens.

.˙.

Les courtisans consommés méprisent l'idole
qu'ils semblent adorer, et sont toujours prêts
à la briser.

Il n'y a qu'un roi fainéant et méchant qui s'associe aux passions vulgaires de ses inférieurs quand il peut les comprimer.

.˙.

La force et la justice sévère sont la bonté des rois.

.˙.

La sévérité prévient plus de fautes qu'elle n'en réprime.

.˙.

Le droit de grâce est un des plus beaux et des plus nobles attributs de la souveraineté. Pour ne pas le discréditer, il ne faut l'exercer que dans le cas où la clémence royale ne peut déconsidérer l'œuvre de la justice ; que dans le cas où la clémence royale doit laisser, après les actes qui émanent d'elle, l'idée de sentiments généreux.

.˙.

En politique, ce qui importe le plus, ce n'est pas la valeur de ce qu'on prend ou de ce qu'on donne, c'est le degré d'autorité qu'on exerce ou qu'on paraît exercer.

.·.

C'est en blessant l'amour-propre des princes qu'on influe le plus sur leurs déterminations.

.·.

Dans un gouvernement, ce ne sont pas les petits qu'il faut surveiller, ce sont les grands; c'est vers ces derniers qu'il importe de porter toute son attention. Discontinuez de brider les grands, en moins de rien ils envahiront le souverain.

.·.

Pourquoi se préoccuper tant du riche? Le riche a tous les avantages de la société; sa position de fortune ne le protége que trop. La force, l'avenir d'un gouvernement, la puissance d'un trône sont dans les petits, et les dangers qui peuvent les menacer sont dans les grands. Souverains, protégez donc les petits, si vous voulez qu'à leur tour ils vous protégent.

Il faut que la loi et l'action du gouvernement soient égales pour tous ; que les honneurs
et les récompenses tombent sur les hommes
qui, aux yeux de tous, en paraissent les plus
dignes. On pardonne au mérite, on ne pardonne pas à l'intrigue.

.·.

Quand on veut absolument des places, on
se trouve déjà vendu d'avance.

.·.

Quand on est arrivé, dans une certaine
classe, à solliciter des emplois pour de l'argent, il n'est plus pour une nation de véritable indépendance, de noblesse, de dignité
dans le caractère.

.·.

L'art le plus difficile n'est pas de choisir les
hommes, mais de donner aux hommes qu'on a
choisis toute la valeur qu'ils peuvent avoir.

.·.

Un gouvernement, en appelant à soi toutes

les intelligences, agit dans son propre intérêt
et travaille à l'affermissement de l'édifice social. Tous les citoyens doivent être intéressés
à la sûreté de l'État... Il ne faut pas que la
soumission soit la conséquence de l'ignorance
ou de l'abrutissement.

.˙.

Il ne faut pas prendre l'homme à qui la place
convient, mais l'homme qui convient à la place.

.˙.

Il faut que les émoluments des employés
leur permettent une représentation analogue à
l'importance de leurs fonctions.

.˙.

La France fourmille d'hommes pratiques
très-capables; le tout est de les trouver et de
leur donner le moyen de parvenir. Tel est à la
charrue qui devrait être au conseil d'État; tel
est ministre qui devrait être à la charrue.

.˙.

Les grands orateurs qui dominent les assem-

blées par l'éclat de leur parole sont, en général, les hommes politiques les plus médiocres ;
il ne faut pas les combattre par des paroles, ils
en ont toujours de plus ronflantes que les vôtres ;
il faut opposer à leur faconde un raisonnement
serré, logique ; leur force est dans le vague, il
faut les ramener dans la réalité des faits ; la
pratique les tue.

.˙.

Toutes les professions sont utiles à l'État ;
conséquemment aucune ne doit être avilie.

.˙.

L'intelligence a ses droits avant ceux de la
force ; la force elle-même n'est rien sans l'intelligence.

.˙.

Le génie ne se transmet pas : depuis que le
monde est monde, il n'y a pas eu, que je sache,
deux grands poëtes, deux grands mathémati-
ciens, deux grands conquérants, deux monarques de génie, dont l'un soit le fils de l'autre.

De quelle erreur ne sont pas capables la vanité et l'amour-propre d'un homme ignorant!

.·.

L'histoire nous prouve que tous les libelles tombent promptement dans le mépris. Que tous les libellistes parcourent ces fatras qui existent à la Bibliothèque nationale contre Henri IV et Louis XIV, ils seront humiliés de leur impuissance; ils n'ont laissé aucune trace.

.·.

Les vraies conquêtes, les seules qui ne donnent aucun regret, sont celles que l'on fait sur l'ignorance. L'occupation la plus honorable comme la plus utile pour les nations, c'est de contribuer à l'extension des idées humaines.

.·.

Les sciences, qui honorent l'esprit humain; les arts, qui embellissent la vie et transmettent les grandes actions à la postérité, doivent être spécialement honorés dans les gouvernements libres.

Les sciences, qui nous ont révélé tant de secrets, détruit tant de préjugés, sont appelées à
nous rendre de plus grands services encore.
De nouvelles vérités, de nouvelles découvertes,
nous révèleront des secrets plus essentiels encore au bonheur des hommes.

.˙.

Les hommes sont avides d'émotions ; leur enthousiasme est acquis à qui sait habilement le
provoquer.

.˙.

La séduction arrive au cœur en passant par
les yeux ; on est toujours tenté de s'incliner
devant ce qu'on admire.

.˙.

Le temps est un élément nécessaire : Dieu
mit sept jours à créer l'univers.

.˙.

Il existe un lien entre l'animal et la Divinité
L'homme est seulement un animal plus parfa

que le reste. Mais que savons-nous si les animaux n'ont pas un langage particulier? Mon opinion est qu'il y a de notre part présomption à assurer que non, parce que nous ne les entendons pas. Un cheval a de la mémoire, de la connaissance et de l'amour. Qui peut nier l'intelligence des chiens? Les plantes sont autant d'animaux qui mangent et boivent, et il existe des degrés jusqu'à l'homme qui est seulement le plus parfait de tous. Le même esprit les anime plus ou moins.

...

Notre crédulité est dans le vice de notre nature; il est en nous de vouloir aussitôt nous parer d'idées positives, lorsque nous devrions, au contraire, nous en garantir soigneusement. A peine voyons-nous les traits d'un homme, que nous voulons prétendre connaître son caractère. La sagesse serait d'en repousser l'idée, de neutraliser ces circonstances mensongères... La raison, l'expérience montrent que tous les signes extérieurs sont autant de mensonges; qu'on ne saurait trop souvent s'en garantir, et qu'il n'est d'autre moyen de connaître sûrement les hommes que de les voir, de les essayer, de les pratiquer.

Il n'est pas de bonheur sans lumières ; sans talents ni connaissances, il n'y a d'égalité que celle de la misère et de la servitude.

.˙.

Les hommes faibles ne peuvent obéir à la raison ; abandonnés à leurs passions, ils se trouvent sans cesse hors de mesure.

.˙.

Une conduite modérée atteste la vigueur d'un jugement sain.

.˙.

L'injustice et la violence proviennent d'une véritable faiblesse, comme le transport est l'effet naturel de l'état de maladie.

.˙.

Tous les grands événements ne tiennent qu'à un cheveu. L'homme habile profite de tout , ne néglige rien de ce qui peut lui donner quelques chances de plus. L'homme moins habile, quelquefois en en méprisant une seule, fait tout manquer.

. ˙ .

Ce n'est qu'avec de la prudence, de la sagesse, beaucoup de dextérité, que l'on parvient à de grands buts, et que l'on surmonte tous les obstacles ; autrement on ne réussit en rien.

. ˙ .

Du triomphe à la chute il n'est qu'un pas. J'ai vu, dans les plus grandes circonstances, qu'un rien a toujours décidé des plus grands événements.

. ˙ .

Canaille, brigands, rebelles ou héros, suivant les chances du combat : pauvre humanité !

. ˙ .

Le cours de la vie de chacun doit être le résultat évident, le vrai jugement de son caractère.

. ˙ .

La raison, la logique, un résultat surtout,

doivent être le guide et le but constant de tout ici-bas.

.˙.

Tout ce qui n'est pas utile est nuisible.

.˙.

L'injustice et la mauvaise foi tournent toujours au préjudice de ceux qui s'en sont rendus coupables.

.˙.

Ce n'est pas l'utilité qu'on doit considérer dans un acte, c'est sa justice et sa convenance; car, selon le premier principe, toute espèce de crime pourrait se justifier comme étant utile, et par conséquent nécessaire.

.˙.

En prenant pour prétexte le prétendu principe de l'utilité générale, Dieu sait jusqu'où on peut aller!

.˙.

Le plus dangereux conseiller, c'est l'amour-propre.

Le mensonge n'est bon à rien, puisqu'il ne trompe qu'une fois.

.·.

La malveillance est toujours plus active que le bien.

.·.

Quand un homme manque de parole, il manque de tout ce qui distingue l'homme de l'animal.

.·.

On reconnaît un honnête homme à sa conduite envers sa femme, sa famille et ses domestiques.

·.·.

L'homme n'a point d'ami, c'est son bonheur qui en a.

.·.

Dans tout ce qu'on entreprend, il faut donner les deux tiers à la raison, et l'autre tiers au hasard ; augmentez la première fraction, vous serez pusillanime ; augmentez la seconde, vous serez téméraire.

.˙.

La raison, juge immobile de nos actions, en doit être la règle invariable.

.˙.

Avec du courage et de la volonté, il n'y a pas de limites que l'on ne puisse atteindre, point de résultats qu'on ne doive espérer.

.˙.

Ce qu'il y a de pire dans les affaires, c'est l'indécision.

.˙.

L'impatience est un grand obstacle au succès.

.˙.

Un homme véritablement homme ne hait point ; sa colère et sa mauvaise humeur ne vont

point au delà de la minute, le coup électrique.
L'homme fait pour les affaires et l'autorité ne
voit point les personnes, il ne voit que les choses, leur poids et leurs conséquences.

.·.

Aimez-vous, la bienveillance console. Rou-
gissez de ces préventions haineuses qui ont
éloigné le citoyen du citoyen. Honorez le soldat qui doit vous défendre, et que le soldat
soit modeste, parce que la modestie pare la
bravoure ; surtout, soyez sujets soumis et res-
pectueux ; craignez de juger vos maîtres ; la
chose publique a ses mystères, et parmi les
motifs qui décident l'autorité, il en est toujours qu'on ignore.

.·.

Je ne connais d'autres titres que ceux qui
sont personnels ; malheur à ceux qui n'ont point
de ceux-là !

.·.

Je méprise l'ingratitude comme le plus vi-
lain défaut du cœur.

Dire d'où je viens, ce que je suis, où je vais, est au-dessus de mes idées, et pourtant tout cela est. Je suis la montre qui existe, et qui ne se connaît pas. Toutefois, le sentiment religieux est si consolant, que c'est un bienfait du ciel que de le posséder.

.·.

Le véritable bonheur, la seule force, toutes les consolations de l'homme sont dans la religion et la morale. Or toutes les morales religieuses sont belles. A part les dogmes plus ou moins absurdes qui sont nécessaires pour être compris des peuples dans le temps où l'on vit, que voyez-vous dans le Vedham, le Koran, l'Ancien Testament, dans Confucius, partout enfin? Une morale pure, c'est-à-dire protection au faible, respect aux lois du pays et reconnaissance d'un Dieu. Mais il n'est que l'Évangile pour offrir la réunion d'une moralité dégagée d'absurdités.

.·.

La croyance vient avec l'étude, avec la méditation sur les merveilles de la création; il faut avoir étudié l'œuvre de Dieu pour en comprendre l'immensité ; la jeunesse jouit sans réflexion.

.˙.

Il n'y a que les sots et les lâches qui se tuent.

.˙.

La chose la plus sacrée parmi les hommes, c'est la conscience.

.˙.

On ne peut traduire la conscience d'un homme à aucun tribunal, et aucune personne n'est comptable de ses opinions religieuses envers aucune puissance terrestre.

.˙.

Les liens de famille m'ont toujours paru sacrés ; je ne puis me décider à croire qu'on puisse les rompre sans déshonneur et sans manquer à ce qu'il y a de plus saint pour l'homme.

.˙.

On a une femme et des enfants, un père et une

mère, des frères et des sœurs, un ami ! Et l'on
se plaint de la nature, et l'on se demande :
Pourquoi sommes-nous nés ?

.˙.

Les crimes des enfants sont souvent le fruit
de la mauvaise éducation qu'ils ont reçue de
leurs parents.

.˙.

L'orgueil et les préjugés ne raisonnent pas.

Quelques opinions littéraires.

Napoléon Ier aimait de passion la tragédie ;
sa mémoire avait conservé une foule de vers
empruntés à nos chefs-d'œuvre dramatiques.
Voici quelques-unes de ses opinions :

Je trouve de vraies délices à lire Racine :
c'est le poëte du cœur ; mais il est trop douce-
reux et il affadit.

.˙.

Je fais fort peu de cas de Voltaire, il est plein

de boursouflure, de clinquant, toujours faux,
ne connaissant ni les hommes, ni les choses,
ni la vérité, ni la grandeur des passions. — Si
Voltaire a régné sur l'esprit de ses contempo-
rains, c'est qu'ils étaient des nains.

. .

La haute tragédie est l'école des grands
hommes; elle échauffe l'âme, élève le cœur,
peut et doit créer des héros : peut-être la
France doit à Corneille une partie de ses belles
actions; s'il vivait, je le ferais prince.

. .

Les enfants ne peuvent entendre la Fon-
taine, ou bien ils l'entendent à rebours; ce
n'est pas un bon livre pour l'enfance.

. .

L'ensemble du *Tartufe* est le chef-d'œuvre
d'un maître inimitable; mais cette pièce présente la dévotion sous un tel aspect, que je
n'eusse pas hésité à en interdire la représentation.

PENSÉES DE NAPOLÉON III

Gouverner, ce n'est plus dominer les peuples par la force et la violence; c'est les conduire vers un meilleur avenir en faisant appel à leur raison et à leur cœur.

.·.

S'il y a des maximes bonnes pour tous les peuples, il n'y a pas de système bon pour tous.

Non-seulement un même système ne peut pas convenir à tous les peuples ; mais les lois doivent se modifier avec les générations, avec les circonstances plus ou moins difficiles.

.·.

Marchez à la tête des idées de votre siècle, ces idées vous suivent et vous soutiennent.
Marchez à leur suite, elles vous entraînent.
Marchez contre elles, elles vous renversent.

.·.

Le grand art du gouvernement est de consulter toutes les capacités, en leur marquant le but et la route qu'il faut suivre ; car sans cela, on a beaucoup de bruit sans effet, beaucoup de travail sans résultat.

.·.

Le défaut de sécurité dans le présent, de foi dans l'avenir, arrête le travail, diminue les revenus publics et privés, rend les emprunts impossibles, et tarit les sources de la richesse.

A chaque jour sa tâche ; la sécurité d'abord, ensuite les améliorations.

.·.

Les améliorations ne s'improvisent pas ; elles naissent de celles qui les précèdent ; comme l'espèce humaine, elles ont une filiation qui nous permet de mesurer l'étendue du progrès possible et de le séparer des utopies.

.·.

Les gouvernements qui succèdent à des révolutions ont une tâche ingrate : celle de réprimer d'abord pour améliorer plus tard, de faire tomber des illusions, et de remplacer par le langage d'une raison froide les accents désordonnés de la passion.

.·.

La plus douce prérogative du pouvoir, c'est d'encourager le mérite partout où il le rencontre.

.·.

Ce n'est pas le hasard qui règle les destinées

des nations ; ce n'est pas un accident imprévu qui renverse ou qui maintient les trônes ; il y a une cause générale qui règle les événements et les fait dépendre logiquement les uns des autres.

.˙.

Attribuer à des événements secondaires la chute des empires, c'est prendre pour la cause du péril ce qui n'a servi qu'à le déclarer.

.˙.

On ne viole pas impunément la logique populaire.

.˙.

Le peuple a toujours le sentiment de ce qui lui convient.

.˙.

La politique craintive est la pire de toutes : elle donne du courage à ceux qu'on devrait intimider.

.˙.

La société n'est pas un être fictif ; c'est un

corps en chair et en os, qui ne saurait prospérer qu'autant que toutes les parties qui le composent sont dans un état de santé parfaite.

.˙.

Le principe de chaque institution est ordinairement bon, parce qu'il se fonde sur les besoins du moment; il dégénère dès que ces besoins sont changés, dès que l'effet qu'il devait produire est accompli.

.˙.

Les institutions doivent favoriser tout le monde; mais l'esprit qui les dicte ne doit être assis que sur un seul principe.

.˙.

L'égoïsme ne profite ni aux individus ni aux peuples, et c'est une mauvaise politique que celle qui fait abandonner ses amis de peur de déplaire à ses ennemis.

.˙.

Quelque puissance matérielle que possède

un chef, il ne peut disposer à son gré des destinées d'un grand peuple ; il n'a de véritable
force qu'en se faisant l'instrument des vues de
la majorité.

. . .

Notre devoir est de faire la part entre les
idées fausses et les idées vraies qui jaillissent
d'une révolution ; puis, cette séparation faite,
il faut se mettre à la tête des unes et combattre courageusement les autres.

. . .

Le but le plus noble et le plus digne d'une
âme élevée n'est point de rechercher, quand on
est au pouvoir, par quels expédients on s'y per-
pétuera, mais de veiller sans cesse aux moyens
de consolider, à l'avantage de tous, les principes d'autorité et de morale qui défient les
passions des hommes et l'instabilité des lois.

. . .

Je ne bercerai pas le peuple d'illusions et
d'utopies, qui n'exaltent les imaginations que
pour aboutir à la déception et à la misère.

S'agiter n'est pas avancer.

.˙.

Le grand désavantage de la tribune, c'est de ne permettre qu'aux orateurs consommés de parler ; et souvent les grands orateurs ne sont pas les hommes les plus logiques ni ceux qui approfondissent le mieux les questions.

.˙.

Faire appel aux passions vulgaires de la foule n'est pas gouverner.

.˙.

La loi, dans des temps de crise, peut, au nom du salut public, suspendre un droit ; mais l'abroger, l'anéantir, elle ne le peut pas.

.˙.

Rétablir l'ordre, c'est ramener la confiance, pourvoir par le crédit à l'insuffisance passagère des ressources, restaurer les finances. Protéger la religion et la famille, c'est assu-

rer la liberté des cultes et la liberté d'enseignement.

Protéger la propriété, c'est maintenir l'in-
violabilité des produits de tous les travaux,
c'est garantir l'indépendance et la sécurité de
la possession, fondements indispensables de la
liberté civile.

.·.

Pour rendre le retour des gouvernements
passés impossible, il n'y a qu'un moyen, c'est
de faire mieux qu'eux.

.·.

Tout ce qui est dans la nécessité des temps
doit s'accomplir; l'inutile seul ne saurait revivre.

.·.

L'empereur fut le médiateur entre deux siècles ennemis; il tua l'ancien régime en réta-
blissant tout ce que ce régime avait de bon;
il tua l'esprit révolutionnaire en faisant triompher partout les bienfaits de la révolution.

Le système napoléonien consiste à faire marcher la civilisation sans discorde et sans excès, à donner l'élan aux idées, tout en développant les intérêts matériels, à raffermir le pouvoir en le rendant respectable, à discipliner les masses d'après leurs facultés intellectuelles, enfin à réunir autour de l'autel de la patrie les Français de tous les partis, en leur donnant pour mobiles l'honneur et la gloire.

.·.

La véritable indépendance est la soumission à une loi consentie par tous.

.·.

Ce qui donne une force irrésistible, même au mortel le plus humble, c'est d'avoir devant soi un grand but à atteindre, et derrière, une grande cause à défendre.

.·.

J'ai trop bien connu le malheur pour ne pas être à l'abri des entraînements de la prospérité.

Il est dans la destinée de la France d'ébranler le monde lorsqu'elle se remue, de le calmer lorsqu'elle se modère. Aussi l'Europe nous rend-elle responsables de son repos ou de son agitation.

.˙.

Le temps des conquêtes est passé sans retour; car ce n'est pas en reculant les limites de son territoire qu'une nation peut désormais être honorée et puissante, c'est en se mettant à la tête des idées généreuses, en faisant prévaloir partout l'empire du droit et de la justice.

.˙.

Les peuples ne doivent pas être égoïstes; le repos de l'Europe dépend de la prospérité de chaque nation.

.˙.

L'histoire a des enseignements que je n'oublierai pas. Elle me dit, d'une part, qu'il ne faut jamais abuser des faveurs de la fortune; de l'autre, qu'une dynastie n'a de chance de stabilité que si elle reste fidèle à son origine,

en s'occupant uniquement des intérêts popu-
laires pour lesquels elle a été créée.

. ˙ .

Souvent les peuples donnent un aiguillon
pour les conduire, jamais pour les frapper.

. ˙ .

Il n'y a que les causes bien définies, nettement formulées, qui créent des convictions
profondes; il n'y a que les drapeaux hautement
déployés qui inspirent des dévouements
sincères.

. ˙ .

Le but de l'homme d'État doit être de détruire, autant que faire se peut, l'esprit de
caste, et d'unir tous les citoyens dans une
même pensée comme dans un seul intérêt.

. ˙ .

Un gouvernement doit savoir utiliser tous

les mérites, et donner à chacun le poste où il peut rendre le plus de services à la société.

.·.

La plus belle prérogative du chef de l'État, c'est que tout le monde s'adresse à lui comme à un père.

.·.

A l'époque de civilisation où nous sommes, les succès des armées, quelque brillants qu'ils soient, ne sont que passagers ; c'est, en définitive, l'opinion publique qui remporte toujours la dernière victoire.

.·.

Si la guerre est le fléau de l'humanité, ce fléau perd une grande partie de sa malheureuse influence, quand la force des armes est appelée à fonder au lieu de détruire.

.·.

L'armée est une épée qui a la gloire pour poignée.

La paix, c'est l'accord résultant de difficultés aplanies, d'intérêts satisfaits; c'est la sécurité la plus complète régnant dans la société.

.·.

Asseoir la paix, ce n'est pas maintenir pendant quelques années une tranquillité factice ;
c'est travailler à faire disparaître les haines
entre nations, en favorisant les intérêts, les
tendances de chaque peuple.

.·.

Le luxe qui, par l'attrait de séduisants produits, attire le superflu du riche pour rému-
nérer le travail du pauvre, ne prospère que si
l'agriculture, developpée dans les mêmes proportions, augmente les richesses premières du
pays et multiplie les consommateurs.

.·.

La richesse d'un pays dépend de la prospérité de l'agriculture et de l'industrie, du développement du commerce intérieur et extérieur,

de la juste et équitable répartition des revenus
publics.

·˙·

Le travail qui crée l'aisance, et l'aisance qui
consomme, voilà les véritables bases de la
prospérité d'un pays. Le premier devoir d'un
administrateur sage et habile est donc de s'ef-
forcer, par l'amélioration de l'agriculture et
du sort du plus grand nombre, d'augmenter la
consommation intérieure.

·˙·

Une nation est coupable de remettre à la
merci des autres son approvisionnement des
denrées de première nécessité.

·˙·

L'industrie appelle tous les jours les hommes dans les villes et les énerve. Il faut rappeler dans les campagnes ceux qui sont de trop

dans les villes, et retremper en plein air leur esprit et leur corps.

.˙.

Le meilleur moyen de travailler au bien-être de l'humanité, c'est d'abattre les barrières qui séparent les hommes, les races et les nations. C'est la marche qui nous est indiquée par le christianisme et par les efforts des grands hommes qui ont paru par intervalles sur la scène du monde.

.˙.

Encourageons, honorons les beaux-arts; car ce sont eux qui adoucissent les mœurs, élèvent l'âme, consolent dans les mauvais jours et embellissent les jours prospères.

.˙.

Ouvrez les portes à la vérité et au mensonge; ce sera le mensonge qui entrera le premier.

.˙.

Le meilleur moyen de réduire à l'impuissance ce qui est dangereux et faux, c'est d'accepter ce qui est vraiment bon et utile.

∴

Des esprits, même élevés, sont souvent esclaves des préjugés et de la routine. Les habitudes les plus futiles et les plus inutiles ont d'immenses racines dans le passé, et, quoique au prime abord il semble qu'il suffise d'un souffle pour les détruire, elles résistent souvent et aux convulsions des sociétés et aux efforts d'un grand homme.

∴

Le but commun à toute nouvelle vérité qui surgit est d'effrayer au lieu de convaincre.

∴

Si la philanthropie, qui voit juste et bien, est une des plus belles vertus humaines, la fausse philanthropie est le pire de tous les travers.

∴

Comme le corps humain, une société ne

prospère qu'autant que les parties dont elle
est composée remplissent chacune régulière-
ment leurs fonctions ; l'immobilité d'une seule
entraîne la ruine de toutes les autres.

.·.

La nature n'est pas stationnaire. Les institutions vieillissent, tandis que le genre humain
se rajeunit sans cesse. L'un est l'ouvrage fra-
gile des hommes, l'autre celui de la Divinité. La
corruption peut s'introduire dans le premier;
le second est incorruptible. C'est l'esprit cé-
leste, l'esprit de perfectionnement qui nous
entraîne.

.·.

L'incertitude de l'avenir est le pire de tous
les maux.

.·.

On doit être meilleur quand on souffre, et
quand on a souffert.

.·.

Lorsqu'on ne réussit pas, on dénature vos

intentions, on vous calomnie, on est sûr d'être blâmé, même par les siens.

. ˙.

Le repos ne fuit pas le malheur; il n'y a que le remords qui n'en laisse pas.

. ˙.

On a toujours sa part dans le plaisir qu'on fait à autrui.

. ˙.

Ce n'est pas l'outrage, c'est la bienveillance qui subjugue les cœurs de ceux qui savent souffrir.

. ˙.

Pour un peuple l'honneur, pour un individu la morale évangélique, sont toujours les meilleurs guides et les meilleurs conseillers, au milieu des embarras et des périls de la vie.

TABLE DES MATIÈRES

TROISIÈME PARTIE.

QUATRIÈME PARTIE.

FIN.

Imprimerie de P.-A. Bourdier et Cie, rue Mazarine, 30.

Paris. — Typ. ...

www.ingramcontent.com/pod-product-compliance
Lightning Source LLC
Chambersburg PA
CBHW072000090426
42740CB00011B/2024